# DESCRIPTION
### DES
# OBJETS D'ARTS
#### QUI COMPOSENT
## LE CABINET
#### DE
### FEU M. LE BARON V. DENON,

Membre de l'Institut de France (Académie des Beaux-Arts); correspondant de la Société asiatique de Calcutta; officier de l'ordre royal de la Légion-d'Honneur; chevalier de l'ordre de Sainte-Anne de Russie, et de la couronne de Bavière; ancien gentilhomme ordinaire de la chambre du Roi; ancien directeur des Musées royaux, et de la monnaie des médailles, etc.

## MONUMENTS
### ANTIQUES, HISTORIQUES, MODERNES;
#### OUVRAGES ORIENTAUX, etc.

### Par L. J. J. DUBOIS.

## PARIS,
### IMPRIMERIE D'HIPPOLYTE TILLIARD,
Rue de la Harpe, n° 78.

### 1826.

In the interest of creating a more extensive selection of rare historical book reprints, we have chosen to reproduce this title even though it may possibly have occasional imperfections such as missing and blurred pages, missing text, poor pictures, markings, dark backgrounds and other reproduction issues beyond our control. Because this work is culturally important, we have made it available as a part of our commitment to protecting, preserving and promoting the world's literature. Thank you for your understanding.

# DESCRIPTION
### DES
# OBJETS D'ARTS
###### QUI COMPOSENT
## LE CABINET
###### DE
## FEU M. LE BARON V. DENON.

SE TROUVE :

## A PARIS,

CHEZ TILLIARD FRÈRES, libraires du roi de Prusse,
rue Hautefeuille, n° 22;

TREUTTEL ET WURTZ, libraires,
rue de Bourbon, n° 17;

## A STRASBOURG ET A LONDRES,
même Maison.

# AVERTISSEMENT.

En publiant ici la description d'une partie considérable et très variée de ce magnifique cabinet, nous avons cherché à établir une classification peu usitée dans ces sortes d'ouvrages ; nous la soumettons au jugement du public éclairé.

Cette classification méthodique, dont l'application ne pouvait avoir lieu que pour certaines séries d'objets d'arts, consiste à déterminer le rang que doivent occuper les ouvrages de chaque peuple ; à former ensuite des sous-divisions où ils soient présentés selon le genre des substances, en commençant par celles dont l'emploi facile est probablement le plus ancien ; enfin, à ranger, dans un ordre chronologique, les sujets compris dans chacune de ces classes respectives.[1]

Quelques morceaux qui se rattachent particu-

---

[1] La rapidité avec laquelle cette description a été composée a laissé échapper quelques erreurs de chronologie que les personnes instruites pourront facilement rectifier.

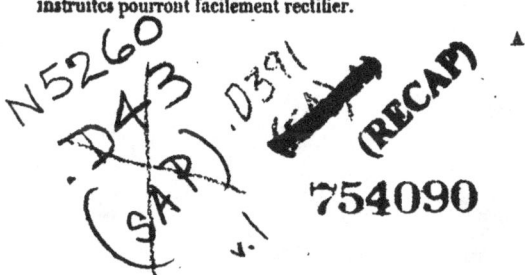

lièrement à des personnages ou à des faits plus ou moins célèbres, nous ont engagés à créer une suite de monuments historiques ; si quelques-uns d'entre eux ne peuvent être justement considérés comme des *monuments*, on concevra pourtant qu'il était impossible de les séparer des autres avec lesquels ils ont une liaison très étroite, et l'on tolèrera, en faveur de l'intérêt qu'ils ajoutent à cet ensemble, une dénomination qui, sans ce motif, serait, sans doute, ridiculement exagérée.

Les productions de l'art, depuis sa décadence jusqu'aux temps modernes, ne pouvaient guères être isolées l'une de l'autre sans compliquer davantage un système de subdivisions auquel il ne fallait point accorder une trop vaste étendue : en les réunissant en une seule catégorie, nous avons voulu prévenir l'espèce de confusion qu'il fallait éviter ; mais toutefois on n'a point négligé d'indiquer assez souvent l'âge probable de ces productions, et surtout de faire ressortir le genre d'intérêt que peuvent mériter la plupart d'entre elles.

Les meubles, les vases, et beaucoup d'autres objets employés ordinairement au luxe des décorations intérieures, précèdent les ouvrages orientaux : cette dernière suite, d'une beauté justement appréciée depuis long-temps, est suivie de tout ce qui ne pouvait rigoureusement prendre place dans les divisions antérieures.

Après cet exposé très succinct du plan que nous avons cru devoir adopter, il paraîtra peut-être convenable d'arrêter un instant l'attention sur quelques-unes des séries les plus importantes que renferme cette collection : ce devoir sera d'autant plus agréable à remplir, qu'il permettra de rappeler le goût exquis de M. Denon, et cette multitude de connaissances qui le guidèrent, pendant l'espace de plus d'un demi-siècle, dans la recherche constante qu'il fit d'objets appartenants à tous les degrés de la civilisation chez plus de vingt peuples de l'Ancien et du Nouveau-Monde.

Parmi les antiquités, l'on distingue d'abord un grand nombre de manuscrits, de sculptures et d'amulettes égyptiennes : des pierres gravées babyloniennes et persanes, qui présentent en général un très haut intérêt; enfin, un choix de bronzes grecs, italiotes et romains, parmi lesquels se trouvent quelques figures auxquelles on ne peut accorder trop d'éloges, et qui rivalisent avantageusement avec tout ce que l'on connaît de plus parfait en ce genre.

Les monuments historiques réveilleront trop de souvenirs mémorables pour ne point exciter, en général, une vive curiosité : les rapprochements singuliers qu'ils feront naître, nous dispensant d'aucune indication plus précise à cet égard, nous laissons aux personnes accoutumées à réfléchir la décision du degré d'importance que mérite cet assemblage piquant et tout-à-fait unique, et nous nous bornerons à garantir l'authenticité des pièces diverses qui le composent.

Il serait tout aussi difficile d'indiquer les choix à faire dans cette masse si précieuse de sculptures, d'émaux et de substances rares qui forment la quatrième série : l'embarras s'accroîtrait même peut-être en raison des connaissances plus élevées que l'on apporterait à un tel examen; cependant au milieu de cette incertitude, il nous sera permis d'appeler une attention particulière sur la belle suite de médailles, composée par M. Denon, et qui rappelle d'une manière tout à la fois noble, concise et toujours ingénieuse, les principaux évènements accumulés dans une période extraordinaire de l'histoire moderne.

# AVERTISSEMENT.

La collection de M. Denon était tellement visitée et d'un accès si facile, qu'il deviendrait tout-à-fait inutile de s'étendre davantage sur le nombre et le genre des chefs-d'œuvre qu'elle renferme. Toujours accueillis avec une complaisance dont la mémoire sera durable et bien chère, les voyageurs instruits, les artistes et même les simples curieux ne quittèrent jamais le respectable possesseur de tant de richesses scientifiques, sans avoir ajouté des connaissances nouvelles à celles qu'ils avaient apportées. Espérons, pour diminuer nos regrets, qu'une telle bienveillance trouvera quelques émules ; que des amateurs dignes de les conserver s'empresseront d'accorder à leur tour un asile honorable à tant d'objets bientôt dispersés sur plusieurs points du globe, où ceux qui seront perdus pour nous, rappelleront du moins un nom constamment glorieux pour la France, et vénéré partout des personnes qui s'intéressent à l'honneur et aux progrès des arts [1].

---

[1] Les astérisques placés à la fin des articles indiquent que les objets décrits sont lithographiés, et font partie d'une espèce d'Encyclopédie Monumentale que M. Denon comptait publier, et qui paraîtra dans le courant de cette année.

Quelques-unes des fautes les plus graves échappées à l'impression sont rectifiées dans un errata placé à la fin de ce volume.

# DESCRIPTION
# DES OBJETS D'ARTS

QUI COMPOSENT

## LE CABINET

DE FEU M. LE BARON V. DENON.

## ANTIQUITÉS.

MONUMENTS ÉGYPTIENS.

CIRE.—BITUME.—TERRE CUITE.

1. Cire.—Figurine à tête de cynocéphale, et qui représente *Hapi*, second génie de l'*Amenti*, ou enfer égyptien. [1]

Cette figure est modelée à l'ébauchoir.

2. Bitume.—Figurine à tête d'épervier, image de *Nasnèv*, quatrième génie de l'enfer égyptien.

Cette figure est également modelée à l'ébauchoir.

---

[1] *Précis du Système hiéroglyphique des anciens Égyptiens*, par M. Champollion le jeune ; Pl. III. n° 64.

3. Bitume. — Un oiseau aquatique, image symbolique du dieu *Benno*.[1]

Cet objet est modelé comme les précédents.

4. Terre cuite. — Objet de forme conique et que l'on suppose avoir servi de sceau.

Sous sa base est représentée, en relief, la barque du dieu *Phré* (le Soleil), entre deux personnages agenouillés et qui paraissent être en adoration : le reste du champ est occupé par des inscriptions hiéroglyphiques, où l'on remarque le cartouche du Pharaon Thoutmosis, l'un des rois de la dix-huitième dynastie [2].

5. Terre cuite. — Forme semblable à la précédente : Sous sa base est placée une inscription hiéroglyphique, divisée en trois colonnes, et dont les caractères sont en relief.

6. Terre cuite. — Deux têtes humaines, fort bien exécutées, et qui formaient les couvercles de vases funéraires, du genre de ceux que l'on nomme improprement *canopes*.

7. Terre cuite. — Un enfant assis à terre, portant la main droite à la bouche, et pressant contre lui, avec son bras gauche, un jeune lion, ou peut-être un chien.

Cette figure, qui a été poussée au moule, appartient à l'époque de la décadence de l'art en Égypte.

---

[1] *Précis du Système hiéroglyphique*, etc. Pl. IV. n° 81. —
[2] *Ibid.* Pl. VI. n° 110.

## ANTIQUITÉS ÉGYPTIENNES.

8. Terre mêlée de bouse. — Un masque de femme, provenant d'un cercueil de momie : cet objet est colorié.

### TERRE ÉMAILLÉE.

9. Amulette.—Figurine représentant *Amon-ra* [1] à tête de bélier, et debout. *
10. *Idem.* — Le même dieu dans une attitude semblable.
11. *Idem.*—Un bélier accroupi, et qui paraît être en partie enveloppé de langes.
    Cet animal était considéré comme un symbole vivant d'*Amon-ra* [2].
12. *Idem.* — En forme de scarabée. Sous sa base est gravé en creux le nom de la même divinité.
13. *Idem.* — Forme d'une espèce de coquille. Au-dessus est gravé le nom du même dieu.
14. *Idem.* — Forme de scarabée. La déesse *Saté* [3] (la Junon égyptienne), assise au-dessus d'un segment de sphère : devant elle sont gravés deux autres hiéroglyphes.
15. *Idem.* — Figurine représentant *Phtah* [4] ( le

---

[1] *Panthéon égyptien*, avec un texte explicatif, par M. J. F. Champollion le jeune, et les figures d'après les dessins de M. L. J. J. Dubois. Pl. 1. — [2] *Ibid.* Pl. 11 (bis). — [3] *Ibid.* Pl. vii. — [4] *Ibid.* Pl. xiv (ter).

Vulcain égyptien) : cette figure, dont l'exécution est remarquable, a les pieds restaurés.

16. *Idem.* — La même divinité : sur sa tête est posé un scarabée, et l'espèce d'appui contre lequel elle est adossée, présente une figure d'Isis ailée, qui est tracée en creux.

17. *Idem.* — Une tête du même dieu, fragment d'une belle figurine.

18. *Idem.* — Treize figurines qui représentent la même divinité.

19. *Idem.* — *Phtah-Sokari* debout [1].

20. *Idem.* — Forme de scarabée. Sous sa base, est gravé le même dieu, debout et tenant deux *uræus*.

Ce scarabée a été publié par M. Denon [2].

21. *Idem.* — De forme ovale. Horus, à tête d'épervier, Isis et Nephthys, marchant à la file en se donnant la main.

Cette petite amulette, dont le travail est très fin, est recouverte d'un fort bel émail.

22. *Idem.* — Un grand *nilomètre*, formant le nom symbolique de *Phtah-Stabiliteur* [3].

23. Forme de sceau. — On y voit gravé un nilomètre auquel sont attachés deux *uræus*.

---

[1] *Précis du Système hiéroglyphique*, n° 89.

[2] *Voyage dans la Basse et dans la Haute Égypte.* Pl. xcvii, n° 11.

[3] *Panthéon égyptien*, etc. Pl. xxvi.

24. Une plaque dont la forme générale offre la façade d'un monolithe : sur l'un de ses côtés est peint un *nilomètre* entre deux autres signes symboliques; sur la face opposée est représenté un chacal, couché sur le sommet d'un petit édifice, et qui est accompagné de légendes hiéroglyphiques.

25. Amulette de forme ovale. — Sous sa partie supérieure est figuré, en relief, le dieu *Pooh*[1] (Lunus), à tête d'épervier, et qui supporte un disque posé sur un croissant.

Cinq hiéroglyphes en creux sont placés sur le revers de cette amulette.

26. *Idem*. — Figurine représentant un cynocéphale debout, image symbolique de la même divinité [2].

27. *Idem*. — Un cynocéphale assis.

28. *Idem*. — Un autre cynocéphale assis.

29. *Idem*. — *Thoth* à tête d'Ibis [3], et debout; figurine très remarquable par sa hauteur peu commune, le modelé de ses formes, et la beauté de son émail.

La partie saillante de la tête ayant été détruite, a été très soigneusement restaurée.

30. *Idem*. — Cinq figurines qui représentent la même divinité.

---

[1] *Panthéon égyptien*. Pl. xiv (F). — [2] *Ibid*. Pl. xiv (G). — [3] *Ibid*. Pl. xxx (C).

31. *Idem.* — Un Ibis debout, image vivante de la même divinité [1].
32. *Idem.* — Un Ibis à moitié couché.
33. *Idem.* Un petit monolithe, dont le centre est occupé par un épervier.

Cette amulette forme le nom d'*Hathor* [2] (la Vénus égyptienne).

34. Forme de sceau. — Sous sa partie plate est gravé un crocodile devant un disque : le crocodile était l'image vivante du dieu *Sovk* [3] (le Saturne égyptien).
35. Amulette. — Une figurine représentant *Phré* [4] debout.
36. *Idem.* — Forme de scarabée : sous sa base sont gravés la barque de *Phré*, une cuisse de quadrupède, et deux autres signes hiéroglyphiques.
37. *Idem.* — Même forme. Le sphinx de *Phré*, couché et la tête surmontée d'un disque : sur le champ sont gravés quatre hiéroglyphes.
38. — Un scarabée les ailes déployées, représentant l'un des symboles du dieu *Phré*.

Cet objet doit avoir été appliqué sur le réseau d'une momie.

39. Amulette. — Figurine représentant le dieu *Gom* [5] (l'Hercule égyptien), à demi agenouillé, et soutenant le disque du soleil.

---

[1] *Panthéon égyptien.* Pl. xxx. (E). — [2] *Ibid.* Pl. xvii. — [3] *Ibid.* Pl. xxii. — [4] *Ibid.* Pl. xxiv. — [5] *Ibid.* Pl. xxv.

40. *Idem.* — Forme de scarabée. *Gom* assis entre deux *uræus* : au-dessus est gravé le cartouche du roi Thoutmosis II (*Mœris*), entre deux autres *uræus*.

Ce scarabée a été publié par M. Denon [1].

41. *Idem.* — Forme de scarabée. Sous sa base est gravée une vache passant ; devant elle est une fleur de lotus, et le signe hiéroglyphique du féminin est gravé sur le haut du champ.

42. *Idem.*—*Apis* debout, et d'un fort bel émail.

43. *Idem.*—Figurine à tête de lionne, représentant la déesse *Tafné* [2], debout et mitrée.

Cette amulette, qui dépasse les proportions ordinaires, unit à un travail très soigné, une couverte émaillée en bleu, dont la couleur est aussi belle que celle de la turquoise.

44. *Idem.* — La même déesse assise sur un trône, et tenant à la main droite un objet qui nous est inconnu.

45. *Idem.* — La même divinité assise sur un trône, la tête ornée d'un *uræus*, et tenant un sceptre à la main.

46. *Idem.*—*Isis* assise et allaitant *Horus.*

47. *Idem.*—Forme de petit bas relief. *Horus* debout, tenant par les mains *Isis* et *Nephthys.*

48. *Idem.*—*Typhon* debout.[*]

---

[1] *Voyage en Égypte*, etc., Pl. xcvii, n° 6.
[2] *Précis du Système hiéroglyphique*, n° 72.

49. *Idem.* — *Typhon* assis à terre.*
50. *Idem.* — Seize autres figurines qui représentent la même divinité.
51. *Idem.* — Deux *Typhons* doubles et émaillés de deux couleurs.
52. *Idem.* — Un hippopotame debout ; l'hippopotame était consacré à *Typhon*.*
53. *Idem.* — Un autre hippopotame debout, et qui est recouvert d'un très bel émail bleu.
54. *Idem.* — Un hippopotame paissant.
55. *Idem.* — *Anubis* debout, et couvert d'un bel émail bleu.
56. *Idem.* — Six autres figurines qui représentent *Anubis*.
57. *Idem.* — Une déesse assise, et dont la tête est ornée d'une forme ronde entourée d'*uræus*.*
58. *Idem.* — Une grande mitre, symbole de la puissance sur les régions supérieures.
59. *Idem.* — Figurine représentant *Amsèt* [1], le premier des génies de l'enfer égyptien.
60. *Idem.* — Autre figurine représentant *Hapi*.
61. *Idem.* — Autre, représentant *Nasnèv*.
62. *Idem.* — Une chatte assise, et qui tient un de ses petits entre ses pattes.
63. *Idem.* — Une chatte à tête humaine, assise, et portant sur la tête un attribut qui nous est inconnu.

---

[1] *Précis du Système hiéroglyphique*, Pl. III. n° 61.

64. *Idem.* — En forme de scarabée. Sous sa base est gravé un chat, assis devant une plume, et au-dessous d'un disque.
65. *Idem.* — Un lion couché.
66. *Idem.* — Un Sphinx couché, et dont les pattes de devant sont détruites.
67. *Idem.* — Forme de scarabée. Sous sa base est gravé un Sphinx, coiffé de la mitre nommée *Pschent*, et placé devant une figure assise, qui est peu reconnaissable : derrière la première de ces figures, se voit l'hiéroglyphe dont la forme ressemble à un téorbe.
68. *Idem.* — Forme de scarabée. Sous sa base un Sphinx couché, et derrière lui un *uræus* ailé.
69. *Idem.* — Forme de scarabée. Un Sphinx mâle et couché : devant lui est placé l'instrument à cordes dont il vient d'être parlé, et cette légende, exprimée en caractères hiéroglyphiques : *Mœris, chéri d'Amon-ra.*
70. *Idem.* — Forme de scarabée. Sous sa base un roi assis à terre, et coiffé du *Pschent* : devant lui est gravé un disque.
71. *Idem.* — Forme de scarabée. Un scarabée surmonté d'un disque, et entre deux instruments de musique : deux globes ailés décorent le haut et le bas du champ.
72. *Idem.* — Forme de scarabée. Quatre hiéroglyphes enfermés dans un cartouche ; et,

sur le champ, deux caractères du même genre.

Ce scarabée a été publié par M. Denon [1].

73. *Idem*. — Forme de scarabée. Un scarabée au-dessous d'un bras humain, et d'une autre forme hiéroglyphique.

74. *Idem*. — Forme de scarabée. Sept hiéroglyphes.

75. *Idem*. — Forme de scarabée. Un cartouche contenant le nom du roi *Mœris*, entre deux plumes auxquelles sont attachés deux *uræus*.

76. *Idem*. — Forme de scarabée. Une figure assise, et portant une main à la bouche : sous elle est gravé le titre de *Seigneur du Ciel*, et sur le reste du champ sont représentés un poisson, un lion couché, un scorpion, et enfin un oiseau dont il ne reste que quelques vestiges.

Ce scarabée a été publié par M. Denon [2].

77. *Idem*. — Forme de scarabée. Un scarabée entre deux formes ovales partagées par des sections de cercles : au-dessous est un vase entre deux *uræus*.

M. Denon a publié cette amulette [3].

78. *Idem*. — Forme de scarabée. Six hiéroglyphes.

79. *Idem*. — Grande forme de scarabée. Neuf lignes d'hiéroglyphes.

---

[1] *Voyage en Égypte*, etc. Pl. xcvii. n° 21. — [2] *Ibid*. Pl. xcvii. n° 14. — [3] *Ibid*. n° 19.

80. *Idem.*—Grande forme de scarabée. Sept lignes d'hiéroglyphes.

Ce beau scarabée, entièrement composé d'émail bleu, a été publié par M. Denon [1].*

81. *Idem.*—Forme de scarabée. Un *uræus* dressé au-dessus d'un segment de sphère, et vis-à-vis d'un téorbe.

82. *Idem.*—Scarabée orné de figures diverses.

83. *Idem.*—Cinq grands scarabées sans gravures.

84. *Idem.*—Amulette de forme carrée. Sur l'une de ses faces est gravé le nom du roi *Mœris*, et une plume; sur le revers sont tracés six cercles qui contiennent chacun un point concentrique.

85. *Idem.*— Un épervier sans attribut particulier.

86. *Idem.*—Deux yeux humains.

87. *Idem.*—Un autre œil humain.

88. Deux yeux humains en émail, et dont les paupières sont en bronze : ces objets appartenaient à une statue ou à un cercueil de momie.

89. Amulette. — Une espèce de vase de forme alongée.

90. *Idem.* — Figurine représentant une femme assise à terre, les jambes très écartées, et tenant sa chevelure avec les mains.

Cet objet est répété plusieurs fois dans la Collection.

---

[1] *Voyage en Égypte*, etc. Pl. xcvii. (E).

91. *Idem.*— Un homme assis, et tenant sur ses genoux un *volumen* à demi déroulé.

M. Denon a publié cette jolie Figurine [1].

92. Figurine de forte proportion. — Un homme assis sur un siége à jour, portant la main gauche fermée sur sa poitrine, et posant l'autre main étendue à plat sur ses genoux. La tête de ce personnage est rasée sur son sommet et sur la nuque, elle ne conserve que deux fortes masses de cheveux légèrement ondulés, et qui descendent sur les côtés du visage. La tête de cette figure a été détachée du tronc.

93. Figure emmaillottée en forme de momie, et dont le vêtement est chargé d'hiéroglyphes.

L'émail de cette figure est de couleur bleue, et le plus brillant que nous ayons eu occasion de voir sur les amulettes égyptiennes.

94. Deux objets de forme longue, et qui sont ornés de cartouches royaux dont les hiéroglyphes sont formés d'émaux de couleurs différentes. L'un d'eux est incomplet.

95. Deux petites figurines en forme de momies, portant des coiffes noires, et chargées d'hiéroglyphes parfaitement exécutés.

96. Une tête humaine, de beau travail et de très forte proportion : fragment d'une petite statue.

97. Figurine d'un travail très soigné, et qui

---

[1] *Voyage en Égypte*, etc. Pl. xcvi.

représente un homme les mains liées par derrière le dos.

Cette petite figure, dont le sujet est curieux et la couverte très fine, a été publiée par M. Denon [1].*

98. Un collier à un rang, composé de tubes d'émail bleu, séparés par des perles de couleur jaune, et auquel sont suspendus divers objets en verre, en émail et en dorure.

99. Un autre collier à un rang, composé d'émaux figurant des espèces de fleurs réunies deux par deux, et qui sont séparées par des perles de couleur jaune.

A ce collier sont suspendues sept amulettes qui sont également émaillées.

100. Cent vingt-deux amulettes et figurines de formes variées, et qui sont presque toutes remarquables par l'éclat de leur couverte, ou la pureté de leur exécution.

101. Forme de bague; sur son chaton sont gravés six hiéroglyphes.

102. Même forme, portant un *urœus*.

103. Sept autres bagues dont les chatons portent des hiéroglyphes.

104. Quatre petites formes coniques, reposant sur un même socle, et qui sont toutes percées par une cavité étroite et perpendiculaire.

Nous pensons que ces formes de vases ren-

[1] *Voyage en Égypte*, etc. Pl. xcvi, n° 26.

fermaient une espèce de *surmâ*, que l'on étendait avec un *style* sur le bord des paupières, et qui ressemblait à celui dont les femmes orientales se servent encore aujourd'hui pour relever l'éclat de leurs yeux.

### BOIS DIVERS.

105. Amulette. — *Phtah* enfant et debout.
106. Statuette coloriée — *Osiris* debout, la tête chargée d'un disque surmonté de deux grandes plumes, et qui repose sur deux cornes de bélier.

Cette figure, dont les chairs sont peintes en vert, est décorée d'un riche collier, et sur son vêtement, qui est étroit, est tracé un réseau : trois colonnes d'hiéroglyphes, dont l'une contient un cartouche, sont inscrites en avant d'elle : l'espèce d'appui contre lequel elle est adossée, est orné de deux autres colonnes de mêmes caractères.

Le socle sur lequel s'élève cette petite statue, est creusé, et contient un objet peu reconnaissable, mais qui est embaumé et enveloppé de langes ; son pourtour est décoré par une frise qui offre alternativement la croix ansée, symbole de la vie divine, entre deux sceptres surmontés par des têtes de *Coucoupha* [1].

H. 25 pouces..

107. Statuette représentant *Osiris* assis sur un

[1] Horapollo. Lib. I. 55.

trône, et portant ses attributs ordinaires : en arrière de cette figure est une cavité qui se ferme à volonté avec une planchette, et qui contient une masse de bitume : cette sculpture a été dorée.

H. 4 pouces et demi.

108. *Idem.* — Autre image du même dieu, figuré dans la même attitude, et qui contenait aussi quelque objet embaumé. Cette sculpture a été dorée.

H. 4 pouces et demi.

109. Un monument en forme de *Pylône*, dont les montants, l'architrave et la corniche sont couverts d'ornements peints sur un fond rouge-clair, et dont les décorations principales consistent dans les scènes suivantes, qui sont peintes sur trois compartiments, placés l'un sur l'autre, et remplissant ainsi le champ de la façade.

Compartiment supérieur. — Un roi présentant une chouette à *Horus*; entre ces deux personnages, qui sont debout, est placé un autel chargé d'offrandes.

Ce sujet est répété en sens inverse, sur le même compartiment.

Compartiment central. — Un Roi portant sur la tête une coiffure symbolique, est agenouillé et incliné devant *Harpocrate*, qui est assis sur un trône : derrière le premier personnage sont tracées deux formes de cartouches, qui indiquent que cette figure représente un souverain.

Ce sujet est également répété en sens inverse sur le même compartiment.

Compartiment inférieur. — Au centre est placé un signe hiéroglyphique dont la forme ressemble assez à celle du téorbe, et auquel sont attachées des bandelettes tenues par deux figures royales, mais dont les extrémités retombent sur des espèces de corbeilles d'où sortent des tiges de lotus : derrière chacune des figures est placée une déesse debout, et qui tient un sceptre et une bandelette.

Les parties latérales de ce petit monument étaient enrichies d'autres peintures qui sont en partie détruites, mais dans lesquelles on reconnaît cependant la tête d'*Hathor* [1] (la Vénus égyptienne), entre deux éperviers, des figures royales plusieurs fois répétées, et enfin des ornements du même genre que ceux qui encadrent la façade.

Cet objet curieux semble avoir appartenu à un modèle d'édifice d'où il a pu être détaché à une époque ancienne : sa forme générale et le genre de ses décorations lui donnent beaucoup d'intérêt, en rappelant parfaitement les py-

---

[1] *Précis du Système hiéroglyphique*, Pl. v. n° 101.

lônes majestueux qui précédent la plupart des grands édifices de l'Égypte [1].

H. 9 pouces et demi.

110. Statuette. — *Isis* assise et allaitant *Horus* : cette figure a été dorée.

H. 4 pouces.

111. *Idem.* — Un épervier couché, dont la tête est ornée d'un disque surmonté de deux plumes posées sur des cornes de bélier : la tête de cet oiseau est dorée ; et sur son corps est peint un réseau vert qui se détache sur un fond rouge.*

H. 9 pouces et demi.

112. *Idem.*—Un épervier couché, et qui est colorié.

H. 4 pouces.

113. *Idem.*—Un très bel épervier, couché et sans peinture.

H. 4 pouces et demi.

114. *Idem.*—Un vautour couché et qui est colorié.*

H. 5 pouces.

115. *Idem.* — Deux chacals couchés et qui paraissent avoir été noircis avec une couleur bitumineuse : sur l'un d'eux sont tracés quelques ornements peints en jaune.

H. 6 pouces.

116. *Idem.*—Un homme debout, et dont les pieds entrent à volonté dans un socle en terre séchée,

[1] *Description de l'Égypte* ( Antiquités ), T. II. Pl. IV.

sur lequel sont peints en blanc deux petits groupes d'hiéroglyphes, exécutés avec précision.

H. 6 pouces.

117. *Idem.* — Figure terminée en gaîne et debout, posée sur l'arrière d'un socle moderne creusé en forme de cercueil, se fermant par le moyen d'une coulisse, et qui contient une oreille humaine, ainsi qu'un autre objet enveloppé de petites bandes de toile : ce dernier est en outre entouré de trois espèces de cercles en plomb.

H. 11 pouces.

118. *Idem.* — Autre figure du même genre et qui est coloriée : sur le devant du vêtement étroit qui la couvre, est peinte une colonne d'hiéroglyphes; son socle moderne, qui est creusé, contient un objet embaumé, ressemblant à un fœtus humain; sur la planchette qui ferme ce petit cercueil, est fixé un oiseau également sculpté en bois et colorié.

H. 13 pouces.

119. *Idem.* — Autre figure également terminée en gaîne, portant les bras croisés sur la poitrine, et dont le vêtement est orné de neuf lignes d'hiéroglyphes gravés en creux.

H. 9 pouces et demi.

120. *Idem.* — Autre figure de même forme, et qui est coloriée : sur son vêtement est peinte une inscription hiéroglyphique.

H. 8 pouces.

121. *Idem.* — Autre figure de même forme, et dont le vêtement est chargé d'une inscription hiéroglyphique gravée en creux, qui renferme un cartouche royal.

Cette figure conserve encore des traces du bitume dont elle avait été enduite en son entier.

H. 7 pouces.

122. *Idem.* — Autre figure de même forme, dont le vêtement porte quatre lignes d'hiéroglyphes, parmi lesquelles on distingue deux cartouches royaux.

Cette figure a été enduite de bitume.

H. 7 pouces et demi.

123. *Idem.* — Figure de même forme, et presque entièrement couverte de bitume, avec légende hiéroglyphique contenant un cartouche.

H. 7 pouces.

124. *Idem.* — Figure humaine coloriée dans quelques-uns de ses détails, et dont le vêtement, qui s'élargit du bas, est orné d'une colonne d'hiéroglyphes gravés en creux.

H. 9 pouces.

125. *Idem.* — Autre figure dont le vêtement, qui offre la même forme que celui de la précédente, est décoré par une colonne d'hiéroglyphes.

Sur la poitrine de ce personnage est sculpté

un oiseau à tête de femme, image symbolique de l'ame.

H. 8 pouces et demi.

126. *Idem.* — Une femme nue, les bras étendus en croix, et portant au-dessus de la coiffe ordinaire aux figures égyptiennes, une espèce de perruque formée de fils de lin.

H. 4 pouces et demi.

127. *Idem.* — Un épervier à tête de femme, et qui est colorié.

H. 3 pouces et demi.

128. *Idem.* — Un autre épervier à tête de femme, et qui est également colorié.

H. 3 pouces 9 lignes.

129. *Idem.* — Un masque de femme d'un fort beau travail : ses yeux et ses sourcils, qui étaient incrustés en bronze ou en émail, sont détruits. *

Cette tête appartenait à un cercueil de momie.

H. 9 pouces.

130. *Idem.* — Un masque humain qui doit avoir appartenu à un cercueil de momie, et dont le travail est assez peu remarquable.

H. 10 pouces.

131. Une boîte de forme ovoïde, creusée et fermée

avec un couvercle, et qui contient quelques parties d'ossements.

**H. 3 pouces et demi.**

## OUVRAGES SCULPTÉS OU GRAVÉS SUR DES PIERRES DIVERSES.

132. Serpentine. — Fragment de bas relief.

Sur sa partie supérieure sont gravées quatorze petites colonnes d'hiéroglyphes, dont quelques-unes se trouvent incomplètes.

Au-dessous de ces légendes, et sur un champ plus enfoncé, est une scène travaillée en relief peu saillant, qui représente une barque garnie de deux rames, et supportant un disque sur lequel se détache la figure d'*Amon-ra*, assis, ailé et surmonté de quatre têtes de bélier, dont les deux supérieures sont couvertes par une mitre richement décorée.

Sur le pont de cette barque sont en outre six autres divinités rangées l'une après l'autre, deux du côté de la poupe, et quatre du côté opposé; toutes sont debout, et expriment par des attitudes variées le respect que leur inspire la présence du *Roi des dieux*.

Ce petit monument est exécuté avec autant d'habileté et de soin que sont les plus beaux camées. *

**H. 4 pouces.**

133. Basalte vert. — Une statuette représentant *Phtah* enfant, et qui porte sur ses épaules un petit quadrupède dont la tête est mutilée, mais dont le corps doit appartenir à un animal du genre des antilopes ; les jambes et les bras de cette figure curieuse n'existent plus : sa tête, qui est garnie d'une chevelure très courte, était décorée par un scarabée ou par un autre ornement symbolique qui est maintenant détruit. *

H. 5 pouces 7 lignes.

134. Pierre calcaire. — Fragment d'un bas relief représentant la tête du dieu *Phré*.

H. 4 pouces.

135. Pierre calcaire. — Un autel de forme carrée, et sans foyer : sur ses quatre côtés sont sculptés, en très bas relief, les figures suivantes, qui occupent chacune une face de ce monument.

Première face : *Phré*, debout devant un autel chargé d'un vase, au-dessus duquel est couchée une tige de lotus ; sur le haut du champ est placée une petite inscription hiéroglyphique qui contient ce titre : *Phré, dieu grand, seigneur du ciel.*

Seconde face : un prêtre debout, et dans une attitude d'adoration, présente une cassolette qu'il tient sur la main gauche ; autour de lui sont gravées cinq colonnes d'hiéroglyphes, dans lesquelles on remarque le signe figuratif du dieu précédent.

Troisième face : *Osiris* debout, tenant ses attributs ordinaires, et placé devant un autel; près de sa tête est gravé un groupe d'hiéroglyphes qui contient son nom.

Quatrième face : Un homme couvert d'un riche costume, et dont la coiffure est soigneusement tressée, paraît jeter quelques grains de parfums sur une longue patère qu'il tient de la main gauche ; cette figure, qui peut être celle d'un *hiérogrammate*, ou scribe sacré, est entourée en partie par quatre colonnes d'hiéroglyphes.

H. 27 pouces 3 lignes.

136. Pierre calcaire. — Une stèle funéraire, dont le haut qui se termine par une forme circulaire, est orné par un globe ailé, un téorbe, deux sceptres, deux yeux humains, et enfin par deux chacals couchés et accompagnés de fléaux.

Vers le centre de cette stèle, une femme debout, et qui élève les mains en signe d'adoration, est placée en regard avec *Phré*, qui est également debout, et qui tient réunis le sceptre à tête de *coucoupha*, le petit sceptre recourbé, la croix ansée, le *nilomètre*, et le fléau : derrière lui, *Horus*, debout et coiffé du *pschent*, tient la croix ansée.

Entre les deux premières de ces figures, se

voit un autel chargé de quelques offrandes, et sur le champ sont gravées six colonnes d'hiéroglyphes; trois lignes de mêmes caractères décorent la base de cette stèle, dont les sculptures sont admirablement exécutées de relief dans un creux très profond.

H. 1 pied 11 lignes.

137. *Serpentine.* — Une statuette représentant *Osiris* debout : sur l'espèce de montant qui lui sert d'appui, est gravée une légende hiéroglyphique.

H. 6 pouces 4 lignes.

138. *Basalte gris.* — Autre statuette représentant le même dieu assis et tenant ses attributs ordinaires : la tête de cette figure est restaurée.

H. 7 pouces et demi.

139. *Pierre calcaire.* — Une stèle funéraire, dont le haut est de forme circulaire, et dont les sculptures sont coloriées.

Sur sa partie supérieure sont figurés deux chacals couchés aux côtés de cinq hiéroglyphes; au-dessus règne un bas relief qui représente un homme agenouillé devant *Osiris* assis sur un trône, et placé devant *Isis* et *Horus*, qui se tiennent debout.

Le bas relief inférieur qui décore ce monument, représente deux hommes et deux femmes assis sur les talons près d'une table chargée d'un objet qui nous est inconnu; et sur le même champ sont gravées quelques légendes hiéroglyphiques, disposées en colonnes.

Le bas de cette stèle est chargé de deux lignes de caractères du genre de ceux dont nous venons de parler.

H. 2 pieds 6 lignes.

140. Basalte vert. — Statuette représentant un homme debout, tenant devant lui une image d'*Osiris* : le montant qui sert d'appui à cette figure, est chargé d'hiéroglyphes gravés en creux.

Les pieds de cette petite statue sont restaurés avec soin.

H. 7 pouces et demi.

141. Serpentine. — Une coupe à deux anses et fracturée dans quelques parties : de son fond se détachent en bas relief les bustes de *Sérapis*, d'*Isis* et d'*Harpocrate*, sculptés au-dessus d'un ornement qui représente une fleur et deux boutons de lotus; les bords et autres parties intérieures et extérieures de cet objet, sont décorés par des enroulements de vigne et quelques arabesques appartenants à la décadence de l'art en Égypte.

Diamètre 3 pouces 9 lignes.

142. Serpentine. — Autre coupe décorée dans le genre de la précédente : on y voit sculptés les

bustes accolés d'*Isis* et d'*Horus* à tête d'épervier, et quoiqu'elle soit supérieure par le travail à la précédente, nous pensons qu'elle appartient à la même époque de dégradation.

M. Denon en a donné la gravure [1].

Diamètre 3 pouces et demi.

143. Grès. — Statue d'*Harpocrate*, assis et portant la main droite à sa bouche : de sa tête, qui est dépourvue de chevelure, descend une tresse qui vient s'enrouler sur son épaule droite.

H. 14 pouces.

144. Basalte vert de la plus grande beauté. — Une statue représentant un homme agenouillé, tenant devant lui un *naos*, ou petite chapelle, renfermant l'image d'une déesse dont l'attribut nous est inconnu. Sur le montant placé derrière cette statue, est gravée une inscription hiéroglyphique parfaitement exécutée, et dans laquelle se trouve un cartouche qui paraît renfermer le nom d'un des Pharaons.

Cette sculpture, également précieuse par sa matière et l'excellence de son travail, a malheureusement éprouvé beaucoup de mutilations.

H. 1 pied 5 lignes.

145. Pierre calcaire. — Une petite stèle sculptée sur les deux côtés : sur l'une de ses faces est représenté un hippopotame, portant sur la tête

---

[1] *Voyage en Égypte*, etc. T. II. Pl. c. n° 1.

un disque et des cornes de vache, comme *Isis*, et qui est placé debout devant un autel chargé d'un vase et d'une tige de lotus. Sur la seconde face sont figurés un homme et une femme portant des coiffures royales, et tenant les insignes des dieux.

H. 2 pouces 9 lignes.

146. Albâtre oriental. — Un vase funéraire portant quatre colonnes d'hiéroglyphes, et dont le couvercle est formé par une tête humaine figurant *Amsèt*.

Nous pensons que ce couvercle provient d'un autre vase du même genre que le précédent, et qu'il portait originairement la tête d'un épervier, figurant *Satmauf*.

H. 15 pouces et demi.

147. Pierre calcaire. — Autre vase du même genre, et surmonté par une tête humaine.

H. 11 pouces.

148. Albâtre oriental. — Un couvercle de vase semblable, formé également par une tête humaine.

H. 4 pouces.

149. Pierre calcaire. — Autre couvercle de même vase formé par une tête humaine.

H. 5 pouces 7 lignes.

150. Pierre calcaire. — Autre vase funéraire, à demi rempli de baume, et décoré par deux colonnes d'hiéroglyphes.

Son couvercle est formé par une tête de cynocéphale figurant *Hapi*.

H. 10 pouces 9 lignes.

151. Pierre calcaire.—Autre vase funéraire, formé par une tête de cynocéphale.

H. 10 pouces 3 lignes.

152. Pierre calcaire.— Couvercle de vase semblable, formé par la tête d'un cynocéphale. *

H. 3 pouces.

153. Pierre calcaire. —Autre vase funéraire portant deux colonnes d'hiéroglyphes, et fermé par une tête de chacal figurant *Satmauf*. *

H. 13 pouces et demi.

154. Serpentine. — Une tête de chacal formant le couvercle d'un vase funéraire, et dont les oreilles, qui avaient été travaillées à part, sont détruites.*

H. 6 pouces.

155. Pierre calcaire. — Vase funéraire portant une colonne d'hiéroglyphes, et dont le couvercle est formé par une tête d'épervier figurant *Nasnèv*, le dernier des quatre génies de l'enfer égyptien.

H. 10 pouces 3 lignes.

156. Albâtre oriental. — Couvercle de vase funéraire, formé par une tête d'épervier. *

H. 3 pouces.

157. Albâtre oriental. —Autre couvercle de même vase, formé par la tête d'un épervier.

H. 2 pouces 2 lignes.

158. Serpentine demi dure. — Statuette représentant un cynocéphale assis : une partie de son visage est détruite.

H. 3 pouces 4 lignes.

159. Pierre calcaire. — Une stèle de forme arrondie par le haut, et sur laquelle sont sculptés les objets suivants.

Partie supérieure. Un *uræus* à demi dressé, et replié sur lui-même : sa tête est surmontée d'un disque qui repose sur des cornes de vache : le reste de cette partie du champ est occupé par un autel, et quelques légendes hiéroglyphiques.

Partie inférieure. Une figure à demi agenouillée, et qui élève les bras en signe d'adoration.

Sur ses côtés sont gravées des légendes hiéroglyphiques.

H. 6 pouces et demi.

160. Granit rose oriental. — Un grand scarabée en relief, et qui doit avoir été détaché de quelque monument : cette sculpture, dont le travail est fort beau, a été restaurée vers la tête, ainsi qu'à l'extrémité des élytres, et repose sur un grand socle moderne en marbre vert de Corse.

Ce débris précieux a été apporté d'Égypte par Napoléon, et faisait autrefois partie de la magnifique collection réunie à la Malmaison.

Longueur 16 pouces.

161. Pierre émaillée. — Un très beau scarabée fu-

néraire : sur sa partie plate sont gravées sept lignes d'hiéroglyphes parfaitement exécutés.

Longueur 2 pouces.

162. Spath vert.—Autre scarabée funéraire : sur sa partie plate sont peintes en jaune huit lignes d'hiéroglyphes.

Longueur 1 pouce 9 lignes.

163. Serpentine. — Autre scarabée : sur sa partie plate sont gravées cinq lignes d'hiéroglyphes.

Longueur 1 pouce 10 lignes.

164. Pierre demi dure. — Scarabée dont la partie plate contient six lignes d'hiéroglyphes.

Longueur 2 pouces 5 lignes.

165. Serpentine. — Un scarabée dont la partie plate est chargée de cinq lignes d'hiéroglyphes gravés en creux.

Longueur 2 pouces 7 lignes.

166. Basalte vert et autres matières. — Neuf scarabées sans gravures.

Longueur moyenne 1 pouce 8 lignes.

167. Lapis-lazuli, jaspe, etc. — Dix autres scarabées sans gravures.

168. Serpentine. — L'objet que nous décrivons ressemble assez bien par devant à un *canope* surmonté d'une tête humaine ; sa masse est prise dans un morceau de serpentine, et tout ses détails, tels que le visage, le col et le collier, ainsi qu'un vanneau figuré sur son centre,

sont formés par des pâtes vitreuses émaillées de diverses couleurs.

Le revers de ce morceau singulier est plat, et recouvert par une couche assez épaisse de mastic blanc, sur lequel sont peintes sept lignes d'hiéroglyphes de couleur noire : une feuille de verre appliquée avec soin sur cette légende, avec une colle transparente, en garantit parfaitement la conservation.

Ce petit monument funéraire est encore unique dans les collections d'antiquités formées à Paris.

Longueur 2 pouces 5 lignes.

169. Serpentine. — Statuette.

Un homme debout, le col orné d'un double rang de perles, et portant une coiffure en partie ondulée, mais dont le bas est disposé en petits flocons de longueur égale, et qui sont bouclés avec beaucoup de régularité.

Son vêtement consiste dans une robe à manches courtes et plissées, qui, s'élargissant en avant, se trouve serrée au-dessus des reins par une ample ceinture garnie de franges, et dont le tissu paraît être très fin.

Les pieds de cette figure sont contenus dans des sandales dont la forme n'offre rien de particulier, et qui est absolument celle de la plupart des chaussures égyptiennes parvenues jusqu'à nous.

Cette petite statue représente probablement un personnage d'un rang peu commun, mais sur lequel le monument lui-même ne nous fournit aucune lumière. Ses mains croisées sur la poitrine tiennent le *nilomètre*, symbole de la *stabilité*, ainsi qu'un autre objet qui est inconnu, mais dont la forme se retrouve fréquemment sur les monuments égyptiens : six lignes d'hiéroglyphes parfaitement gravés, contournent l'arrière et les côtés de la partie inférieure de son vêtement, décoré en outre, en avant, par une colonne de caractères du même genre, et qui sont également exécutés avec une grande perfection.

Cette production distinguée de l'art égyptien, aussi précieuse sous le rapport de la conservation que par l'excellence de son travail, a été découverte à Memphis.

H. 11 pouces 4 lignes.

170. Pierre calcaire. — Un groupe composé d'un homme assis sur un siége de forme cubique, et d'une femme placée debout à ses côtés : celle-ci appuie ses mains sur l'épaule gauche et le bras droit de la première de ces figures, qui, peut-être, représente son époux.

Ce groupe, d'une bonne exécution, et qui a été colorié, faisait partie d'un monument funéraire découvert à Memphis.

H. 2 pieds 9 pouces.

171 Pierre calcaire. — Un monument funéraire, représentant quatre figures assises sur un de ces larges siéges dont la forme rappelle en quelque sorte les *divans* Orientaux.

Sur la droite du siége est assis un homme barbu, dont les chairs sont peintes en rouge, et qui a les bras croisés sur la poitrine; son vêtement, qui est de couleur blanche, est orné par-devant de treize hiéroglyphes peints en noir.

Le second personnage est un jeune homme imberbe, et dont les chairs sont coloriées en rouge; sa main droite repose sur l'épaule de la figure précédente, et la gauche tient une espèce de bourse : une partie de son corps est couverte par une petite tunique blanche, qui est aussi décorée de quelques hiéroglyphes.

La troisième figure est celle d'une femme dont les chairs sont peintes en jaune; son vêtement, qui est blanc, est couvert en avant par une légende hiéroglyphique.

A la gauche de cette femme est un enfant debout qui lui pose une main sur l'épaule; sa demi-tunique est blanche; une espèce de petit sac est suspendu à sa main gauche, et sur le plan qui le supporte est tracée une inscription hiéroglyphique.

Ce beau monument a été découvert, dans un tombeau, à Thèbes

H. 18 pouces. — Largeur, 20 pouces.

172. Serpentine. — Statuette représentant une figure assise, et dont le vêtement et le soutien sont chargés d'hiéroglyphes.

H. 2 pouces et demi.

173. Pierre calcaire. —Une stèle funéraire, dont le sommet se termine en forme circulaire, et dont les sculptures sont divisées en plusieurs *registres* ou compartiments.

Premier registre. Deux yeux humains, formant l'espèce de titre qui précède les sujets représentés sur la plupart des monuments de ce genre.

Second registre. Deux lignes d'hiéroglyphes sont gravées au-dessus de deux figures assises en regard, et qui tiennent chacune à la main une fleur de lotus : entre elles est placée une table chargée de vases et d'offrandes.

Troisième registre. Deux lignes d'hiéroglyphes au-dessus d'un sujet analogue au précédent : la seule différence qu'on y observe consiste en ce que les vases placés sur la table y sont remplacés par une oie morte.

Quatrième registre. Deux lignes d'hiéroglyphes gravés au-dessus d'une scène à peu près semblable aux précédentes.

Cette stèle a été découverte à Abydus.

H. 20 pouces 9 lignes.

174. Pierre calcaire. — Stèle également arrondie du haut.

Premier registre. Un chacal couché, et en partie entouré d'hiéroglyphes.

Second registre. Un homme et une femme assis en regard sur des siéges, et qui sont séparés par une table chargée d'offrandes.

Troisième registre. Une figure debout et deux autres qui sont assises : sur le fond sont gravées des légendes hiéroglyphiques.

H. 18 pouces.

175. Pierre calcaire. — Autre stèle arrondie du haut, et sur laquelle sont peints avec diverses couleurs les objets suivants.

Registre supérieur. Quatre hiéroglyphes entre deux yeux humains.

Registre inférieur. Un homme assis sur un siége, et tenant à la main une fleur de lotus : devant lui est placé un autel chargé d'un objet qui nous est inconnu, et sur le champ sont peintes six colonnes d'hiéroglyphes.

H. 6 pouces.

176. Pierre calcaire. — Statuette représentant un homme vêtu d'une robe qui est chargée d'hiéroglyphes.

Cette figure est bien sculptée, et toutes ses parties sont coloriées.

H. 10 pouces.

177. Pierre calcaire. — Autre statuette portant un vêtement étroit et chargé d'hiéroglyphes.

3.

Le travail de cette figure est également soigné, et les couleurs dont elle est enrichie ont conservées toute leur fraîcheur.

H. 5 pouces.

178. Pierre calcaire.—Bas-relief représentant une femme vue de face, et dont le corps, qui est nu, est ceint, vers sa partie inférieure, par un simple ligament : cette figure porte une ample chevelure, et sa poitrine est ornée par un riche collier.

A la droite de cette femme est sculpté un personnage de très petite proportion, qui est vu de profil, et ne pose sur aucun plan.

H. 19 pouces et demi.

179. Pierre calcaire.—Statuette représentant un homme assis, tenant un grand *phallus* devant lui : ce sujet est répété dans la collection.

L. 5 pouces et demi.

180. Pierre calcaire. — Une statuette dont quelques parties sont coloriées, et qui porte cinq lignes d'hiéroglyphes peints sur le vêtement étroit dont elle est couverte.

H. 7 pouces et demi.

181. Basalte vert. — Une tête juvénile et dépourvue de cheveux : cette tête, qui faisait originairement partie d'une petite statue, doit être considérée comme l'une des productions les plus parfaites de l'art égyptien.

H. 3 pouces.

182. Basalte noir. — Autre tête humaine, portant une chevelure disposée en petits flocons, comme l'est celle des Barabras.

Cette tête appartenait aussi à une statue.

H. 3 pouces et demi.

183. Pierre calcaire. — Tête humaine d'un travail très fin, et qui appartenait également à une petite statue.

Cette tête est coloriée et supportait anciennement un attribut qui est maintenant détruit.

H. 3 pouces.

184. Pierre calcaire. — Tête humaine rasée, et d'un travail très soigné : fragment d'une petite statue.

H. 3 pouces.

185. Pierre calcaire. — Vingt-deux beaux fragments de bas-reliefs représentant des têtes humaines et quelques parties d'animaux. Ces débris, qui sont réunis sur un même fond, ont été très fidèlement reproduits par M. Denon [1].

186. Sardonix monté en bague d'or. — Une figure virile, vêtue de long et placée de profil, assise sur un trône dont le côté apparent est décoré de diverses figures : sous le plan sur lequel elle repose, sont gravés en relief les sujets suivants, qui remplissent trois registres superposés l'un sur l'autre.

---

[1] *Voyage en Égypte.* T. II. Pl. CXIII.

Registre supérieur. Deux hommes et deux femmes placés en regard, et qui rampent sur le sol.

Registre central. Quatre éperviers séparés par trois fleurs de lotus.

Registre inférieur. Un crocodile renversé.

La figure que nous avons décrite au commencement de cet article est incomplète vers sa partie supérieure, et sa gravure est exécutée de relief dans un creux : devant elle est placé un objet peu reconnaissable et qui pose sur une tige de lotus.

Cette pierre est parfaitement gravée, mais nous ne pensons point qu'elle appartienne à l'ancien art égyptien. *

Largeur 13 lig.

187. Basalte noir. — Un débris qui appartenait originairement à un vase, ou à quelque autre objet de forme circulaire, et sur lequel sont gravés en creux les objets suivants :

Partie supérieure. Un champ enfoncé, formant un bandeau chargé d'étoiles à cinq rayons.

Au-dessous est une figure virile debout, tenant le sceptre à tête de *coucoupha* et le symbole de la vie divine : sur sa tête sont placées sept étoiles et un bras humain; derrière elle est inscrit le cartouche de l'un des rois Lagides [1], et plus loin, du même côté, sont deux petites co-

---

[1] *Précis du Système hiéroglyphique*, Pl. VIII. n° 130.

lonnes d'hiéroglyphes, ainsi qu'un cartouche semblable à celui dont il vient d'être parlé.

Sur la tranche supérieure de ce fragment est tracée une ligne de section, près de laquelle sont placées les deux lettres grecques suivantes : ΑΡ.

Ce morceau curieux paraît avoir fait autrefois partie d'une espèce de vase dont un autre fragment a été publié [1].

H. 3 pouces 8 lignes.

188. Basalte noir. — Un oiseau qui a des ailes très courtes, et dont la tête est tournée et couchée sur le dos.

Cet oiseau repose sur un plan ovale, bombé comme la moitié d'un œuf, et qui paraît sortir d'un socle dont la forme suit le même contour.

Longueur, 2 pouces et demi.

189. Cornaline. — Un *Phallus*.

Longueur, 2 pouces.

190. Serpentine. — Amulette : un crocodile.

Longueur, 1 pouce.

191. Basalte noir et basalte vert. — Six objets semblables, représentant chacun deux doigts étendus et accouplés, et qui la plupart ont été dorés.

Le doigt, chez les Égyptiens, paraît avoir signifié l'estomach, et quelquefois *la mesure* [2].

Longueur, 3 pouces.

---

[1] Kircher, *OEdipus*, etc. T. II. p. 385.
[2] Horapollo. L. II. nos 5 et 11.

192. Spath vert. — Un scarabée monté en bague d'or, et portant quelques hiéroglyphes.

**BRONZE.**

193. Statuette. — *Amon-ra* debout et à tête de bélier : la tête de ce dieu est ornée d'une mitre richement décorée ; sa main droite tient un sceptre court et qui se termine par un bouquet de fleurs de lotus, supportant le buste de *Phré*.

Cette figure est d'une exécution parfaite : on doit regretter qu'une partie de ses jambes et le haut de sa mitre soient mutilés.

M. Denon en a donné la gravure [1].

H. 4 pouces.

194. *Idem.* — Un bélier debout et passant.

Longueur, 3 pouces.

195. *Idem.* — La déesse *Saté*, assise à terre.

H. 2 pouces et demi.

196. *Idem.* — *Phtah* debout, et tenant un sceptre à tête de *coucoupha*.

H. 1 pouce et demi.

197. Forme de sceau garni d'un anse. — Près du col est un bas-relief circulaire, représentant les objets suivants :

Deux cynocéphales en adoration devant une

---

[1] *Voyage en Égypte*, t. II. Pl. xiiic. n° 50.

barque chargée du disque solaire, et deux vaches dont les têtes portent aussi des disques, et qui sont placées sur les côtés d'une figure dont les attributs ne peuvent être distingués.

Sur le pourtour du vase est figuré *Phtah*, debout devant un autel, et recevant les hommages d'une figure humaine qui est en regard avec lui; à la suite du dieu marchent *Isis*, *Nephthis* et *Phré*.

Le culot de ce vase est formé par une fleur de lotus : sa forme et sa décoration se retrouvent à peu près sur un objet du même genre, qui appartient au cabinet des antiques de la Bibliothèque du Roi [1].

H. 2 pouces et demi.

198. Statuette. — La déesse *Bouto* [2], debout.

H. 4 pouces.

199. Statuette. — *Phré*, assis à terre ; le disque solaire qui surmontait sa tête et le sceptre qu'il tenait à la main, sont détruits.

H. 3 pouces.

200. Idem. — Un *Ibis* à demi couché, et dont les pattes sont mutilées.

H. 3 pouces.

201. Idem. — Autre *Ibis* debout, et portant un

---

[1] Caylus, *Recueil d'antiquités*. T. VI. Pl. xiv et xv.
[2] *Panthéon Égyptien*, etc. Pl. xxiii.

œil humain suspendu en amulette ; ses pattes et sa plinthe sont restaurées.

H. 4 pouces et demi.

202. *Idem.* — Deux *Ibis* debout, et qui ont éprouvés quelques fractures.

H. moyenne, 2 pouces et demi.

203. Une très belle tête d'*Osiris*, coiffée d'une mitre : fragment d'une petite statue.

H. 3 pouces et demi.

204. Statuette. — *Osiris* debout et portant ses attributs ordinaires.

H. 7 pouces.

205. *Idem.* — *Isis* debout et les bras pendants.

H. 3 pouces et demi.

206. *Idem.* — *Isis* assise, et allaitant *Horus*.

H. 4 pouces.

207. *Idem.* — La même déesse pressant son sein gauche avec la main droite, et s'apprêtant à allaiter *Horus*.

H. 13 pouces et demi.

208. Un petit sceptre surmonté de l'épervier coiffé du *Pschent*, image symbolique d'*Horus*.

H. 1 pouce et demi.

209. Statuette. — *Harpocrate* à demi assis, et la tête chargée d'un ornement symbolique.

H. 5 pouces.

210. *Idem.* — Le même dieu debout.

H. 3 pouces.

211. *Idem.* — Le même dieu à demi assis : sujet répété deux fois dans des proportions égales.

H. 1 pouce.

212. *Idem.* — *Typhon* debout.*

H. 2 pouces.

213. *Idem.* — Un chacal, image symbolique d'*Anubis* : ce bronze est garni d'une bélière.

H. 2 pouces.

214. *Idem.* — *Tafné* debout : la déesse porte une amulette à filets d'or suspendue sur la poitrine, et ses yeux sont incrustés du même métal.

H. 6 pouces et demi.

215. *Idem.* — Une déesse à tête de chatte, et debout, portant un vêtement long, orné de raies formées par des lignes gravées dans divers sens : son bras gauche plié soutenait originairement un petit panier, et sa main droite, qui est avancée, devait tenir un sistre.

Cette belle figure a les yeux incrustés en or.

H. 8 pouces.

216. *Idem.* — La même déesse, également debout, portant un petit seau suspendu au bras gauche, et soutenant sur son épaule l'image d'une divinité mâle, dont la tête est détruite. Cette figure porte un vêtement rayé comme la précédente.

Sa main droite tient un objet peu reconnaissable, et ses pieds sont fracturés.

H. 7 pouces.

217. *Idem*. — La même déesse, tenant un sistre dans la main droite, et de la gauche un objet demi-circulaire dont le haut est orné d'une tête de chat, surmontée d'un disque et d'un *uræus*.

H. 4 pouces et demi.

218. *Idem* — Une chatte assise.

H. 2 pouces et demi.

219. *Idem*. — Un petit chat couché sur le débris d'un socle, et dont le mouvement est plein de vérité.

Longueur 1 pouce et demi.

220. *Idem*. — Une divinité mâle debout : cette figure est garnie d'une bélière.

H. 2 pouces.

221. *Idem*. — *Apis* debout, la tête ornée d'un disque et d'un *uræus*.

Sur la housse qui couvre son dos, sont gravés des oiseaux, et d'autres ornements symboliques.

H. 3 pouces.

222. *Idem*. — Un cynocéphale assis.

H. 1 pouce et demi.

223. *Idem*. — Un poisson dont la tête est ornée par un disque posant sur deux cornes de vache, et par un *uræus*.

Longueur 4 pouces et demi.

224. *Idem.* — Deux ichneumons debout. *

Longueur, 2 pouces.

225. *Idem.* — Une grenouille.

Longueur, 1 pouce.

226. Un ornement symbolique, composé de trois espèces de vases réunis et accolés de deux plumes et de deux *uræus*, le tout posant sur des cornes de bélier.

Cet ornement doit avoir été détaché d'une petite statue.

H. 4 pouces.

227. Statuette. — Un homme assis, portant un riche collier, et tenant sur ses genoux un *volumen* déroulé : sur la plinthe sont gravés quelques hiéroglyphes. *

H. 6 pouces.

### MANUSCRITS SUR PAPYRUS. [1]

228. Manuscrit funéraire en caractères hiératiques, et qui est écrit de droite à gauche dans l'ordre suivant :

Deux pages, ou larges colonnes de texte, l'une composée de huit lignes, et la seconde de sept lignes. — *Osiris* debout, recevant l'hommage et l'offrande d'une figure humaine en

---

[1] Tous les manuscrits que nous allons décrire, sont étendus et collés sur des bandes de gaze.

adoration : au-dessus de ces figures sont tracées des légendes hiéroglyphiques, et une partie d'une ligne hiératique, qui continue au-dessus de la scène suivante. — L'âme du défunt, figurée par un épervier à tête humaine, s'élève au-dessus d'une momie couchée sur un lit en forme de lion : sous ce lit sont inscrits en hiéroglyphes les noms des quatre génies de l'enfer égyptien.

Ce manuscrit, qui est fort bien écrit, est le premier objet de ce genre découvert pendant l'expédition de l'armée française en Égypte : il fut trouvé roulé dans la main d'une momie, et les lacunes régulières qu'on y observe, ont été produites par la pression du pouce de cette momie qui paraît avoir été enduite avec un baume d'une nature très caustique.

H. 6 pouces. — Largeur, 2 pieds 11 pouces.

229. Manuscrit funéraire portant un texte hiératique, et dont les figures sont dessinées au trait.

Côté droit. — *Phré*, assis sur un trône, reçoit les hommages d'un homme placé debout et en adoration devant lui : près du dieu est une table chargée d'offrandes, et à laquelle est suspendu un petit vase; le haut du champ est couvert de sept colonnes d'hiéroglyphes. — Texte composé de onze lignes.

Ce manuscrit est d'une bonne conservation, et les figures en sont dessinées avec fermeté : son texte est moins bien écrit que celui du précédent.

H. 10 pouces. — Largeur, 20 pouces 9 lignes.

230. Manuscrit funéraire en caractères hiératiques, et dont les figures sont coloriées.

Côté droit. — Un homme debout et en adoration fait une offrande à *Osiris*, qui précède *Isis*, *Horus* et *Nephthis*; chacun de ces divers personnages est accompagné d'une petite inscription hiéroglyphique, et la scène entière se passe sous un large portique soutenue de deux colonnes. — Cinq pages et un quart de texte, dont le nombre de lignes varie depuis quatre jusqu'à seize. — Une vache debout, à qui un homme présente l'encens sur une espèce de vase : l'animal sacré est élevé sur une base qui paraît renfermer une momie couchée, et devant lui est placé un objet qui nous est inconnu, mais qui peut être une mangeoire.

Ce beau manuscrit, très bien écrit, et d'une parfaite conservation, a été donné par Napoléon à M. Denon, qui en a publié la gravure [1].

H. 7 pouces et demi. — Largeur, cinq pieds et demi.

[1] *Voyage en Égypte*, etc. T. II. Pl. cxxxvi.
La seule erreur que renferme cette belle gravure, consiste dans les deux feuilles de lierre tracées sur les côtés de la patère que tient la figure humaine représentée dans la dernière scène; l'original n'indique que des points heurtés, qui figurent sans doute des grains d'encens, ou de toute autre composition bitumineuse et odoriférante.

231. Manuscrit funéraire en caractères hiératiques.

Côté droit. Un texte de vingt lignes. — Une figure humaine en adoration devant *Osiris* assis sur un trône : le texte, qui continue sous cette scène, est composé de sept lignes. — Un texte de trois pages qui renferment presque toutes vingt-quatre lignes. — Scène du jugement, représentée comme elle l'est ordinairement sur la plupart des manuscrits déjà connus.

Ce manuscrit est très bien écrit et sa conservation ne laisse rien à désirer : les figures qu'il contient, et qui sont assez médiocrement dessinées, offrent quelques parties coloriées en rouge.

H. 10 pouces et demi. — Largeur, 4 pieds 3 pouces.

232. Manuscrit funéraire dont les scènes sont dessinées au trait, et dans l'ordre suivant :

Côté droit. — Partie supérieure de *Phtah*, dont on ne voit que la tête surmontée d'un scarabée, et les bras qui sont étendus : vers lui se dirigent les objets suivants, placés sur deux registres différents, séparés entre eux par une ligne d'hiéroglyphes qui partage en deux la hauteur du manuscrit.

Registre supérieur. — Trois hommes debout, et qui portent chacun une espèce d'aviron. — Trois autres hommes élevant les bras en signe d'adoration. — Une figure élevant les bras entre les ailes d'un grand serpent porté sur quatre jambes, et dont la tête, qui a la forme humaine, est surmontée d'une plume. — Deux figures à têtes de lionnes, lançant avec la bouche des espèces de jets, et tenant l'une et l'autre un couteau à la main : près de chacune d'elles est tracée une espèce d'arcade de petite proportion, sous laquelle sont représentées des têtes d'hommes, et d'autres objets peu reconnaissables.

Registre inférieur. — Une momie d'homme à demi couchée sur le bras droit de *Phtah*, et près d'elle un groupe d'hiéroglyphes. — Six hommes, tenant un même câble, tirent une barque qui supporte *Amon-ra* à tête de bélier : ce dernier est debout sous une manière d'arc formée par un grand serpent, et un autre reptile du même genre, mais de plus petite proportion, lui tient lieu de sceptre. — Sur l'avant de la barque sont les déesses *Saté* et *Isis*, et à l'arrière est placée une figure à tête d'épervier, près de deux grands avirons.

Ce papyrus, qui est bien conservé [1], paraît appartenir à une classe particulière de manuscrits *commémoratifs*, reconnus par M. Champollion le jeune, et dont ce savant a déja cité des exemples [2].

H. 10 pouces. — Largeur 1 pied 11 pouces.

---

[1] A l'exception de la marge qui avoisine la figure de *Phtah*, et qui contenait peut-être un titre.
[2] *Précis du Système hiéroglyphique*, etc. Pag. 216.

233. Six débris de manuscrits hiératiques, et qui sont médiocrement écrits.

234. Manuscrit très bien écrit, et qui contient cinq lignes et demie de caractères *démotiques*, ou *populaires*.

Ce papyrus renferme le texte d'un contrat, dont le commencement, ou le titre, est tracé sur son revers.

H. 10 pouces et demi. — Largeur 30 pouces.

235. Autre manuscrit démotique, aussi bien écrit que le précédent, et qui paraît contenir également le texte d'un contrat.

Ce papyrus contient quatre lignes et demie.

H. 11 pouces et demi. — Largeur 32 pouces.

MOMIES ET CERCUEILS.

236. Un fœtus humain, enveloppé de langes, et formant une petite momie.

H. 4 pouces 9 lignes.

237. Une momie d'enfant enveloppée de langes.

H. 25 pouces 9 lignes.

238. Momie d'un très jeune enfant, décorée par les objets que nous allons décrire, et qui sont superposés sur la masse de linge dont le corps est enveloppé en son entier.

Sur le visage est placé un masque en toile

peinte, et dont les traits, de forme régulière, sont pleins de grâce et de vérité.

Sa poitrine est recouverte par un autre cartonnage en toile, sur lequel sont figurés la déesse *Netphé* [1], des ornements fort bien exécutés, et plusieurs groupes d'hiéroglyphes. Cet objet sert de fond à un très beau collier en émaux jaunes et bleus, auquel sont attachées des espèces de petites chaînettes en même matière, et dont le centre est formé par un masque de *Typhon*, suspendu à huit petites perles factices et soufflées.

La partie inférieure du corps est également couverte par un cartonnage peint; on y remarque particulièrement une bordure supérieure formée d'*uræus*, deux chacals en regard et séparés par une bande perpendiculaire chargée d'hiéroglyphes, ainsi que plusieurs autres petites légendes composées en même caractères; au-dessus de cette seconde décoration est placé un réseau formé de tubes en émaux colorés, et auquel est attaché un fort beau scarabée dont les ailes sont éployées, ainsi que quatre figurines qui représentent les divers génies de l'enfer égyptien.

Sous cette petite momie, l'un des objets les mieux ornés de ce genre, est un grand fragment de toile peinte, sur lequel est tracée la

---

[1] *Précis du Système hiéroglyphique.* Pl. VI. n° 73.

partie inférieure d'une figure humaine. Le tout est conservé sous une cage de verre.

**Longueur 30 pouces.**

239. Un cercueil de forme particulière, et qui contenait la momie d'un enfant.

Cet objet est décoré sur trois faces par des peintures grossières qui représentent les images de quelques divinités.

**H. 34 pouces 5 lignes.**

240. Un bras de jeune fille, enveloppé de langes, et qui paraît être de belle forme.

**H. 15 pouces.**

241. Un cercueil de momie dont le couvercle représente une figure humaine, tenant les bras croisés sur la poitrine, et serrant dans chacune de ses mains un petit rouleau, qui peut être un *volumen* roulé.

Son visage est peint en jaune : à son menton est adaptée une espèce de barbe dont les attaches remontent près des oreilles, et vont se perdre sous une ample coiffe qui couvre à la fois sa tête et ses épaules ; sa poitrine est décorée par un riche collier dans lequel on a figuré des gemmes et d'autres ornements, et dont le rang inférieur est composé de fleurs de lotus. Depuis le collier jusqu'à l'extrémité des pieds, le fond se trouve recouvert par une multitude de figures symboliques, dont la plupart sont modelées en demi relief, et qui sont toutes accompagnées de groupes d'hiéroglyphes disposés avec ordre et tracés avec beaucoup de soin.

La caisse à laquelle appartient ce couvercle est chargée intérieurement de peintures exécutées sur un fond blanc : son pourtour extérieur est enrichi par une suite très curieuse de vingt-deux tableaux qui représentent les scènes religieuses les plus variées ; chacun de ces tableaux est séparé de ceux qui l'avoisinent par deux colonnes d'hiéroglyphes.

Ce monument est établi sur des pièces de bois chevillées les unes sur les autres, et recouvertes par une couche épaisse de bouze pétrie avec du limon : sur cette préparation peu solide, qui a servi à modeler les formes, est étendu un enduit blanc, masqué par une teinte jaune qui sert de fond général à tous les objets représentés.

Une couche de vernis de gomme, peu épaisse et transparente, assure la conservation des peintures, et présente encore un éclat très brillant.

Ce cercueil, dont la momie a été détruite depuis peu d'années, a éprouvé quelques dégradations qui ont été fort bien réparées.

H. 5 pieds 9 pouces.

242. Autre cercueil de même forme que le précédent, et qui renferme une momie enveloppée de langes.

Son couvercle représente une femme dont le

teint est très clair, et qui porte à ses oreilles des boutons de couleur noire; sa coiffure, ornée en avant par les ailes d'un vautour, présente sur le sommet de la tête un scarabée qui tient une petite boule, et dont les côtés sont occupés par deux hiéroglyphes.

Depuis le dessous de son collier jusqu'au bout des pieds, le vêtement qui la couvre est chargé de tableaux représentant des scènes religieuses ou des divinités isolées; trente-huit inscriptions hiéroglyphiques achèvent de remplir le fond, qui est coloré d'un jaune agréable et peu foncé.

Derrière la caisse à laquelle appartient ce couvercle, est peint un grand *nilomètre* mitré, image de *Phtah-Stabiliteur* [1], ainsi que divers autres signes hiéroglyphiques.

H. 5 pieds 3 pouces et demi.

243. Couvercle d'un grand cercueil en bois, de même forme que le précédent : son visage est rouge, sa coiffure et son collier sont également peints; une longue colonne d'hiéroglyphes occupe la moitié de son vêtement.

Cette partie de cercueil appartenait originairement à la caisse extérieure qui renfermait ensemble la momie et le cercueil précédents.

H. 6 pieds.

---

[1] *Panthéon Égyptien*, etc. Pl. XVI.

ANTIQUITÉS ÉGYPTIENNES. 55

244. Une momie de femme entièrement dégagée de ses langes, et placée debout dans une caisse en bois de chêne, et vitrée [1].*

H. 4 pieds 6 pouces.

245. Tête d'homme débarrassée de ses langes, et d'une parfaite conservation : ses traits indiquent une origine étrangère à l'Égypte.

H. 10 pouces 4 lignes.

246. Tête de femme portant une chevelure courte et de couleur rousse; son visage conserve encore des traces de dorure, et autour d'elle sont relevées une partie des toiles dont elle était autrefois enveloppée.

Cette tête, dont le dessin a été publié [2], provient de la collection de la Malmaison.

H. 10 pouces.

247. Deux mains de femme; débris d'une momie.

Elles sont entourées, vers la naissance de leurs premières phalanges, par des espèces de bracelets en or repoussé.

Longueur 6 pouces et demi.

248. Un pied humain, très bien conservé.

M. Denon en a publié le dessin [3].

Longueur 7 pouces 1 ligne.

---

[1] Les dessins que M. Denon a fait exécuter d'après cette momie, sont au nombre de quatre, et indiquent toutes les gradations de son développement.

[2] *Description de l'Égypte*, t. II. Pl. L.

[3] *Voyage en Égypte*, etc. Pl. C. n° 6.

249. Un grand chat, soigneusement enveloppé de langes.

H. 15 pouces et demi.

250. Un autre chat enveloppé de langes, et placé sous une cage de verre.

H. 8 pouces 3 lignes.

251. Un chat enveloppé, et contenu dans une caisse vitrée.

H. 18 pouces 4 lignes.

252. Momie d'ibis, enveloppée de langes, et qui était contenue dans un long vase en terre cuite.

H. 16 pouces et demi.

253. Plusieurs débris de cartonnages peints, provenants de cercueils de momies.

254. Baume bitumineux. — Un petit modèle de cercueil grossièrement formé, et qui contient peut-être quelques parties extraites d'un corps humain.

H. 5 pouces.

## OBJETS DIVERS.

255. Un petit panier en jonc, garni de son couvercle.

H. 3 pouces.

256. Un écheveau de fil à deux brins, et d'une grande finesse.

Longueur 10 pouces et demi.

257. Un échantillon de toile pluchée.
Longueur 7 pouces.

258. Un échantillon de toile, avec ornements en noir, et fabriqués dans la trame.
M. Denon en a publié le dessin [1].
Longueur 3 pouces et demi.

259. Un échantillon de tissu en laine.
Longueur 20 lignes.

260. Un échantillon de tissu brodé en rouge et en vert.
Longueur 3 pouces et demi.

261. Un échantillon de tissu rayé en bleu.
Longueur 20 lignes.

262. Un morceau de toile, tissu à deux fils.
Longueur 7 pouces.

263. Un fragment de pain, formé d'une pâte grossière, et trouvé dans l'une des sépultures de Gournah (Nécropolis de Thèbes).
Largeur 27 lignes.

264. Porphyre rouge oriental. — Une espèce de molette qui a dû servir à broyer des couleurs.
Longueur 3 pouces 9 lignes.

265. Une semelle en toile coloriée ; sur le milieu de sa largeur est peinte une bande divisée en

---

[1] *Voyage en Égypte*, etc. T. II. Pl. cxxxvii, n° 17.

petits carrés, et le resté du champ figure un natté.

Cet objet a été publié par M. Denon [1].

Longueur 9 pouces.

## MONUMENTS BABYLONIENS ET PERSANS.

266. *Chalcédoine jaune.* — Amulette de forme cylindrique, percée dans son axe, et dont le pourtour contient le sujet suivant, qui est gravé en creux.

Sur la face principale est un personnage barbu, portant quatre ailes, dont les unes sont courtes et élevées, et les autres plus grandes et abaissées ; son corps est couvert d'un vêtement long et serré au-dessus des hanches, mais qui laisse à découvert la jambe droite, derrière laquelle dépasse l'extrémité inférieure de sa ceinture, ou celle d'une queue de quadrupède.

Cette figure mystique, dont le costume et les détails varient beaucoup, se retrouve sur les bas-reliefs de *Tchéhel-minar* [2], et bien plus fréquemment sur des amulettes du genre de celle que nous décrivons : ces divers monuments nous la présentent combattant un taureau, résistant à une chèvre unicorne, et même à des lions [3];

[1] *Voyage en Égypte*, etc. T. II. Pl. xcvii. n°
[2] Niébuhr, *Voyage en Arabie*, etc. T. II. Pl. xxv.
[3] *Mines de l'Orient*, etc. T. III. Pag. 3.

on la voit plus rarement étranglant des autruches [1] et des vautours [2]; mais elle est bien plus souvent représentée se défendant contre des monstres dont les formes paraissent combinées en partie d'après celles des animaux que nous venons de nommer; ici, nous la voyons saisissant deux espèces de griffons qui sont dressés contre elle, et qui la menacent encore avec leurs serres redoutables : ce sujet, beaucoup moins commun que la plupart de ceux dont nous avons parlé, est répété sur un autre cylindre qui fait partie de la magnifique collection de S. A. le prince Poniatowski, à Rome.

Sur la face opposée à la scène précédente, est gravé un *Mihr,* placé au-dessus d'un palmier dont le tronc porte huit appendices légèrement courbés.

Cette amulette, qui est bien gravée et d'une parfaite conservation, nous paraît avoir été exécutée à Babylone : M. Denon en a fait faire un dessin qui sera publié dans la description de son Cabinet [3].

H. 15 lignes.— Diamètre 7 lignes.

267. Chalcédoine saphirine. — Amulette de forme

---

[1] M. de Dorow, *die Assyrische Keilschrift,* etc. Pl. 1.

[2] Cylindre inédit de la Collection de M. le chevalier de Palin, ancien ministre de la cour de Suède à Constantinople.

[3] Le sujet a été redoublé sur ce dessin, afin d'obtenir un effet de planche plus régulier.

conique, et percée dans son diamètre : sous sa base, qui est légèrement bombée, est gravé en creux le sujet suivant.

Sur le haut du champ est gravé un *Mihr;* au-dessous sont deux figures barbues, placées en regard l'une de l'autre, et qui, tenant egalement leurs bras à demi croisés devant elles, sont terminées par des corps de poissons couverts d'écailles.

Deux lignes sinueuses qui paraissent descendre de *Mihr*, viennent, après quelques détours, s'enlacer entre ces personnages, et au-dessus d'un globe placé sur une ligne horizontale qui termine le bas de la composition.

Sur l'un des côtés de ce cône est gravée une petite figure qui offre quelque rapport avec celle de l'*Anubis* égyptien.

Cette amulette, qui est bien conservée, peut avoir été gravée à Babylone.

H. 1 pouce.—Diamètre 9 lignes.

268. Une darique en argent. — Sur sa face est la figure d'un archer; le revers présente une *aire* en creux.

269. Sardoine. — Amulette de forme conique et percée dans son diamètre : sur sa partie plate est gravé un béson debout, et entouré de plusieurs caractères *pehlvi*, assez grossièrement tracés.

Cette amulette doit appartenir à l'époque

des rois de Perse de la dynastie des princes Sassanides (de 226 à 732 de J. C.).

H. 8 lignes. — Diamètre 8 lignes.

270. Sardoine. — Amulette en forme de cône surbaissé : sous sa partie plate est gravé un lion irrité et debout, au-dessus d'un béson qui s'élance.

Cette amulette peut avoir été gravée à la même époque que la précédente.

H. 11 lignes — Diamètre 10 lignes.

271. Matière brûlée. —Amulette en forme de cône aplati sur les côtés, et qui est percé dans son diamètre : sous sa base est gravé le sujet suivant.

Un homme barbu et vêtu de long, à demi couché sur un lit sans pieds, tient une coupe de la main gauche, et présente avec la droite une fleur que paraît accepter une femme qu'il tient assise sur ses genoux : sur le champ est tracée une ligne qui figure assez bien une croix.

Le pourtour de ce cône est orné de quelques ornements en relief, qui rappellent en quelque sorte la forme de certaines montures de cachets.

Cette gravure, quoique plus soignée que les deux dernières, appartient cependant aussi à la dégradation de l'art en Perse.

H. 10 lignes.—Diamètre 11 lignes.

## MONUMENTS GRECS.

#### VASES EN TERRE PEINTE.

272. Vase à une anse, et de forme longue : peinture de vieux style.

Trois figures assises, et dont l'une pince de la lyre : quelques parties de cette peinture sont rehaussées de blanc.

H. 6 pouces.

273. Vase de même forme.

Un cygne éployant ses ailes, et près de lui quelques arabesques ; peinture exécutée en blanc sur un fond noir.

H. 6 pouces.

274. Vase de forme *campane*.

Un Faune qui marche, tient une espèce de thyrse, et se retourne en présentant une couronne de myrte à une Bacchante qui tient un thyrse et un petit seau (*situla*). Sur le revers de cette peinture, sont deux hommes en regard, et appuyés sur des bâtons.

H. 10 pouces.

275. Vase à une anse, décoré par un masque scénique suspendu à une guirlande de lierre à laquelle sont attachées des branches de myrte.

L'anse de ce vase est terminée par une tête

ANTIQUITÉS GRECQUES. 63

de lion, et les objets que nous venons de décrire sont exécutés en jaune, en rouge et en blanc.

H. 8 pouces et demi.

276. Autre vase de même forme.

Sur sa panse et son goulot, sont peints en blanc quelques arabesques.

H. 7 pouces et demi.

277. Vase de forme ovoïde, à deux anses.

Sur l'un de ses côtés est peinte une tête de femme, entre deux palmettes.

H. 7 pouces et demi.

278. Vase de forme aplatie, garni d'une anse.

Son dessus représente d'un côté un génie ailé à demi agenouillé, et de l'autre un lapin à moitié dressé : ce vase appartient à la fabrique de Nola.

Diamètre 3 pouces.

279. Vase à une anse.

On y voit deux têtes de femmes en regard, et séparées par une arabesque.

H. 3 pouces et demi.

280. Un vase à deux anses, portant un couvercle, et couvert d'une couleur noire.

H. 4 pouces.

281. Autre vase à deux anses, et de couleur noire.

H. 3 pouces et demi.

282. Deux vases à une anse, de forme surbaissée, et portant un goulot.

Ces vases sont ornés de côtes en relief et d'ornements peints.

H. 6 pouces et demi.

283. Un *Canthare*, de couleur noire.

Longueur 4 pouces et demi.

284. Une petite lampe dont la couverte est noire.

Longueur 3 pouces et demi.

285. Un vase de forme ronde et surbaissée, dont le dessus est percé de six trous : ce vase porte une anse, et son goulot est formé par une tête de lion.

Diamètre 4 pouces.

286. Une patère à une anse : sur son centre est peinte en blanc une tête de femme, vue de profil, au milieu d'une couronne de laurier.

Diamètre 5 pouces.

287. Une coupe à une anse, ornée en dedans et en dehors par des cercles concentriques peints en noir sur un fond jaune.

Diamètre 4 pouces.

288. Deux beaux vases à une anse, forme des *præfericulum*, et sans couverte.

H. 10 pouces.

289. Un vase à deux anses, forme de coupe profonde, de couleur noire et portant un petit couvercle.

H. 4 pouces 4 lignes.

290. Un vase de forme large, à deux anses.

H. 5 pouces 9 lignes.

291. Deux petits vases portant quelques ornements sur leur partie supérieure.

H. 3 pouces 5 lignes.

292. Deux vases noirs, l'un en forme de buire, à une anse; et l'autre presque rond, garni de deux anses et d'un goulot.

H. 5 pouces.

293. Un vase portant une anse, et dont le goulot est orné d'une branche de lierre, peinte en blanc.

H. 6 pouces et demi.

294. Une coupe de forme surbaissée et à une anse : son pourtour est décoré de cercles et de petites feuilles peintes en brun.

Diamètre, 5 pouces.

295. Un vase de forme ovoïde, à une anse et d'une belle couverte; ce vase décoré de côtes en relief, est accompagné de son plateau.

H. 5 pouces 11 lignes. — Diamètre du plateau, 6 pouces 5 lignes.

296. Une coupe de couleur noire et garnie de deux

anses : sur son fond sont empreintes en creux des palmettes et d'autres ornements.

<small>Diamètre, 10 pouces 5 lignes.</small>

297. Une autre coupe de forme semblable, portant également sur son fond des ornements empreints en creux.

<small>Diamètre, 10 pouces 5 lignes.</small>

298. Un vase à deux anses, avec ornements noirs sur fond blanc, et une lampe de couleur noire.

<small>H. 7 pouces 5 lignes.</small>

## OUVRAGES SCULPTÉS OU GRAVÉS SUR DES PIERRES DIVERSES.

299. Marbre pentélique.

Un pied de femme, exécuté de ronde bosse, et qui a été détaché de l'une des métopes de la face méridionale du Parthénon.

Ce fragment précieux, dont le travail est admirable, existait dans cette collection long-temps avant l'enlèvement des sculptures d'Athènes, par le lord Elgin.

<small>Longueur, 6 pouces et demi.</small>

300. Marbre blanc. — Forme de vase, orné d'un bas-relief représentant un repas funèbre. Ce marbre a été découvert à Athènes. *

<small>H. 1 pied 9 pouces.</small>

301. Agate-onix. — Fragment d'un très beau camée, représentant Léda portée par Jupiter transformé en cygne.

Ce sujet, que nous offre plusieurs médailles, se retrouve aussi sur un autre camée qui appartenait à la collection Strozzi [1].

Largeur, 13 lignes.

302. Agate-onix. — Fragment d'un autre camée dont il ne reste que la partie inférieure d'un pâtre ou d'un Satyre, reconnaissable à la peau de faon qui couvre ses cuisses.

Le camée auquel appartenait ce débris, doit avoir été exécuté dans les plus beaux temps de la glyptique.

Longueur, 1 pouce.

### BRONZE.

303. Statuette. — Jupiter assis, tenant un sceptre avec la main droite, et soutenant un foudre couché sur l'avant-bras gauche.

Sa tête, où est empreinte la majesté divine, est ceinte d'une couronne de laurier, dont l'attache se déroule par petits plis jusque sur ses épaules : entre l'extrémité des branches qui avoisinent le front, est placé un disque que ne présente aucune autre image connue de ce

---

[1] Stosch, Pl. 43. — Bracci, Tab. 84.

dieu, et qui doit rappeler sans doute la suprématie de sa puissance sur le monde [1].

Le torse est nu, et composé de masses d'un grand style, dont l'union est conçue d'après l'idéal le plus élevé : la draperie qui couvre les cuisses et les jambes présente un modèle parfait d'ajustement, et complette ainsi l'ensemble d'une figure que l'on peut considérer comme l'un des chefs-d'œuvre de l'art.

Ce bronze, qui nous offre probablement la copie de quelque statue célèbre, a été découvert en Hongrie, où il fut porté peut-être à l'époque des dévastations de la Grèce par les peuples barbares : son siége, son sceptre, ses pieds, et une partie du foudre, qui étaient détruits, ont été restaurés avec un soin extrême, et sous la direction de M. Denon [2].

H. 7 pouces.

304. *Idem.* — Un jeune Satyre debout [3], et posé

[1] Cet attribut surmonte aussi la tête de Saturne, sur quelques pierres gravées décrites par Lippert, Raspe, etc.

[2] Cette figure est rappelée comme accessoire dans le portrait en pied de M. Denon, peint par M. Berthon, artiste d'un talent très distingué.

[3] Les Grecs n'ayant point connus les Faunes, dont le nom même est d'origine purement latine, nous avons pensé qu'il convenait de décrire cette figure sous la dénomination de Satyre, qui est celle qu'on doit lui appliquer. *V.* Heyne, *des Distinctions véritables et supposées qu'il y a entre les Faunes, les Satyres, les Silènes et les Pans.*

sur la pointe des pieds; la jambe gauche portée en arrière dans l'attitude que donne une course modérée, et se disposant à sauter au-dessus d'une corde qu'il tient par les extrémités, et à laquelle il semble prêt à donner un mouvement de rotation très rapide.

Cette petite statue, présente dans un très haut degré de perfection, les formes élancées et la physionomie à la fois rustique et spirituelle que les artistes grecs ont toujours donné à cette classe de suivants de Bacchus : sa chevelure, contenue vers le bas par un simple cordon, et s'élevant du haut en masses hérissées, convient parfaitement bien à l'un de ces demi-dieux errants, plongés souvent dans le délire de l'ivresse, effrayant de leurs transports les paisibles bergères, et partageant avec ardeur les danses convulsives des Mœnades.

Des cornes naissantes, à peine indiquées sur le front; des oreilles pointues et une petite queue de chèvre, ainsi qu'une glande charnue sur le côté droit du col, complètent l'idéal reçu pour ce genre de personnages de nature composée, qui formaient avec les *Égipans* et les Silènes, la suite nombreuse et bruyante du joyeux fils de Sémélé.

Indépendamment de l'extrême beauté de son exécution, nous devons faire observer que ce bronze est, jusqu'à ce jour, le seul objet antique connu qui rappelle le genre d'exercice dont il a été parlé, et qu'il doit tenir ainsi un rang très distingué parmi les monuments de l'art, dont les sujets se rattachent à la cubistique chez les peuples anciens.

Cette figure, dont la conservation ne laisse que peu de chose à désirer [1], a été découverte en 1810 : elle fut trouvée par un berger dans quelques ruines qui subsistent encore à Joué, village situé sur la route de Saulieu à Châlons-sur-Saône, département de la Côte-d'Or. *

H. 8 pouces 5 lignes.

305. Une jambe droite, de nature jeune, et d'un excellent travail : ce beau fragment a été trouvé dans les ruines de l'ancienne *Alesia* [2], sur le mont Auxois, près de Dijon.

H. 3 pouces et demi.

### MÉDAILLES.

306. AR. — Tête de femme, à droite : derrière elle un petit vase. R. — Le bœuf à tête humaine passant à droite, et couronné par la Victoire. (*Neapolis Campaniæ*.)

---

[1] Les seules parties détruites sont, la corde, dont il ne reste qu'un fragment antique dans la main droite du personnage, mais dont le reste a été suppléé, et la queue, dont on ne voit plus que de faibles vestiges.

[2] Cæsar, *de Bell. gall.* L. VII, c. 72.

307. AR. — Le même sujet. (*Neapolis.*)

308. AR. — Le même type répété trois fois.

309. AR. — Taras sur un dauphin, à droite, tenant un poulpe de la main droite. R. — Hippocampe à droite, et au-dessus d'un petoncle. (*Tarentum.*)

310. AR. — Taras assis sur un dauphin, et sous lui un petoncle. R. — Taras assis, tenant un objet peu reconnaissable. (*Tarentum.*)

311. AR. — Taras monté sur un dauphin, et tenant un trépied : derrière lui un petit muffle de lion.

R. — Un cavalier tenant une couronne. (*Tarentum.*)

312. AR. — Tête de Minerve, à gauche. R. — Une chouette, les ailes éployées. (*Tarentum.*)

313. AR. — Tête de femme, à droite. R. — Un homme monté sur un dauphin : légende rétrograde. (*Tarentum.*)

314. Tête de Minerve, à droite. R. — Une chouette sur une branche de laurier. (*Tarentum.*)

315. Tête de femme, à droite. R. — Un épi. (*Metapontum.*)

316. AR. — Tête barbue et casquée, à droite : derrière elle un petit muffle de lion. R. — Un épi. (*Metapontum.*)

317. AR. — Neptune lançant un trident : type en relief. R. — Le même type en creux. (*Posidonia.*)

318. AR. — Neptune lançant un trident. R. — Un bœuf passant à gauche. (*Posidonia.*)

319. AR. — Taureau debout, détournant la tête : type en relief. R. — Le même type en creux. (*Sybaris.*)

320. AR. — Tête de Minerve, à droite. R. — Un taureau. (*Thurium.*)

321. AR. — Tête de Minerve, à droite. R. — Un lion dévorant une proie. (*Velia.*)

322. AR. — Tête de Minerve, à droite. R. — Un lion passant. (*Velia.*)

323. AR. — Quatre médailles de la même ville, avec des types différents.

324. Æ. — Tête de femme, à gauche. R. — Jupiter debout et lançant la foudre. (*Bruttium.*)

325. AR. — Un aigle posé sur une branche de laurier. R. — Un trépied. (*Croton.*)

326. Æ. — Tête d'Apollon, à gauche. R. — Un trépied. (*Rhegium.*)

327. AR. — Mufle de lion vu de face. R. — Un homme appuyé sur un sceptre. (*Rhegium.*)

328. AR. — Un aigle debout. R. — Un crabe. (*Agrigentum.*)

329. AR. — Un crabe au-dessus d'une dorade. R. — Un aigle déchirant un lièvre. (*Agrigentum.*)

330. AR. — Partie antérieure d'un taureau à face humaine, à droite. R. — La Victoire planant au-dessus d'un bige. (*Gelas.*)

331. AR. — Un épi, type en relief. R. — Un épi, type en creux. (*Gelas.*)

332. AR. — Tête de Minerve, à droite. R. — Hercule debout, appuyé sur une massue. (*Heraclea Lucaniæ.*)

333. AR. — Tête de Minerve, à droite. R. — Un lion placé debout près d'un palmier. (*Leontini.*)

334. AR. — Un mufle de lion, tourné à droite, entre trois grains d'orge. R. — Tête de femme, tournée à gauche. (*Leontini.*)

335. AR. — Le même type, avec des différences.

336. AR. — Une figure conduisant un bige : au-dessous, un poisson. R. — Un lièvre courant. (*Messana.*)

337. Æ. — Tête de femme, à gauche : devant elle deux dauphins. R. — Un guerrier se couvrant de son bouclier, et portant un coup de lance. (*Messana.*)

338. AR. — Tête de Bacchus barbu et diadêmé, à droite. R. — Silène à demi assis, tenant un canthare. (*Naxus.*)

339. AR. — Tête d'Hercule jeune, à droite, et couverte d'une peau de lion. R. — Buste de cheval tourné à gauche ; derrière, un palmier. (*Panormus.*)

340. AR. — Tête de femme, à droite. R. — Un chien debout et la tête baissée. (*Segesta.*)

341. AR. — Un homme nu, offrant un sacrifice, et

tenant une patère et une branche de laurier : derrière lui une feuille et un oiseau. R.—Hercule domptant un taureau. (*Selinus.*)

342. AV. — Tête de Cérès, à gauche. R. — Une figure conduisant un bige, à gauche. (*Syracusæ.*)

343. AV. — Une tête d'Apollon, à droite et couronnée de laurier : derrière elle un petit vase. R. — Un trépied garni de sa cortine. (*Syracusæ.*)

344. AV. — Tête d'Apollon laurée, à gauche. R.—Grande lyre à quatre cordes. (*Syracusæ.*)

345. AV. — Tête d'Apollon laurée, à gauche. R. — Même lyre que la précédente. (*Syracusæ.*)

346. AR. — Tête de femme, à droite, entourée de quatre dauphins. R. — La Victoire planant sur un bige. (*Syracusæ.*)

347. AR. — Tête de femme, à gauche, et entourée de quatre dauphins. R.—Un quadrige et la *triquetra*. (*Syracusæ.*)

348. AR. — Tête de Minerve, à droite, et derrière elle un lièvre. R. — Pégase volant, près de lui un *Koph* phœnicien.

349. AR. — Tête de femme, à gauche, et entourée de quatre dauphins. R.—Une tête de cheval et un palmier : inscription punique. (*Syracusæ.*)

350. AR. — Tête de femme, tournée à gauche :

près d'elle deux dauphins. R. — La Victoire présentant une couronne à une figure qui conduit un quadrige. (*Syracusæ.*)

351. AR. — Tête de femme vue de face, et entourée de quatre dauphins. R. — La Victoire planant au-dessus d'un quadrige. (*Syracusæ.*)

352. AR. — Tête de femme, de trois quarts et casquée : autour d'elle quatre dauphins. R. — La Victoire offrant une couronne à une femme qui conduit un quadrige. (*Syracusæ.*)

353. Æ. — Tête de femme, à gauche. R. — Un petoncle et un dauphin : très belle patine. (*Syracusæ.*)

354. Æ. — Tête de femme tournée à gauche. R. — Une figure conduisant un bige : sur le haut du champ une étoile. Très belle patine. (*Syracusæ.*)

355. Æ. — Tête de femme tournée à droite. R. — Un foudre. (*Agatocles, Syracusarum rex.*)

356. AR. — Une vache allaitant un veau. R. — Les jardins d'Alcinoüs : au-dessus d'eux, une massue. (*Dyrrachium.*)

357. AR. — Tête de femme tournée à gauche. R. — Un guerrier nu et casqué, marchant au combat. (*Locri-Opuntii.*)

358. AR. — Partie antérieure d'un loup. R. — Aire en creux, et A. (*Argos.*)

359. Æ. — Têtes accolées des Dioscures, à droite. R. — Une couronne de laurier enfermant le

nom suivant : ΑΡΙΣΤΟΚΡΑΤΗΣ. (*Lacedemona.*)

360. AR. — Tête de Minerve, à droite. R. — Une chouette ; vieux style. (*Athenæ atticæ.*)

361. AR. — Même type, de différents modules.

362. AR. — Tortue de mer. R. — Aire en creux. (*Ægina.*)

363. AR. — Trois autres médailles du même type et du même lieu : sur le revers de l'une, le devant d'un loup.

364. AR. — Un homme arrêtant un taureau. R. — Un cheval au galop. (*Larissa.*)

365. AR. — Tête de femme, les cheveux épars, et vue de trois quarts. R. — Un cheval paissant. (*Larissa.*)

366. AR. — Un vieux Satyre, tenant une jeune fille sur ses genoux. (*Lete macedoniæ.*)

367. AR. — Tête d'Hercule, barbu à droite, et couverte d'une peau de lion. AR. — Un cheval debout, tourné à droite. (*Amyntas II, Macedoniæ rex.*)

368. AV. — Tête d'Apollon, laurée, à droite. R. — Une figure conduisant un bige, à droite. (*Philippus II, Macedon. rex.*)

369. AR. — Tête laurée de Jupiter, à droite. R. Un cavalier tenant deux lances. (*Philippus.*)

370. AR. — Tête barbue et laurée : à droite. R. — Cavalier tenant une palme. (*Philippus Macedon. rex.*)

371. AR. — Tête d'Hercule, imberbe et coiffée

d'une peau de lion, à droite. R. — Jupiter, *Ætophore*, assis : devant lui un sphinx. (*Alexander III, magnus*)

372. AR. — *Idem.* R. — Un Sphinx sur un *diot.*
373. AR. *Idem.* R. — près de Jupiter, une lyre.
374. AR. *Idem.* R. — près de Jupiter, une fleur.
375. AR. *Idem.* R. — devant Jupiter, un monogramme, composé des lettres M. H. P.
376. AR. — *Idem.* devant Jupiter, un *diota.*
377. AR. — *Idem.* devant Jupiter, le cheval Pégase.
378. AR. — *Idem.* Un vase de forme longue, avec des branches de vigne qui tombent à ses côtés, et un monogramme.
379. AR. — *Idem.* devant Jupiter, un Sphinx assis.
380. AR. — Même type, avec quelques différences.
381. AR. — Dix-sept médailles de même type, de plus petit module, et avec des différences monétaires.
382. AR. — Trente-trois autres médailles du même roi, au même type, et présentant des différences monétaires.
383. AR. — Neuf médailles du même roi; petits modules offrant des revers variés.
384. AR. — Tête de Persée; près d'elle la *harpa.* R. — Une massue au milieu d'une couronne de chêne. (*Philippus. V. Macedon. rex.*)
385. AR. — Tête de femme, tournée à gauche. R.

— Une couronne de laurier autour d'un ciste, d'une massue et d'une légende : AESILLAS. (*Macedonia.*)

386. AR. — Tête de Diane, à droite. R. — La massue d'Hercule au milieu d'une couronne de chêne. (*Macedonia.*)

387. AR. — Tête de femme, les cheveux épars, tournée à droite. R. — Un ciste et un siège entourés d'une couronne de laurier. (*Macedonia.*)

388. AR. — Tête de Bacchus, à droite. R. — Hercule debout. (*Thasus.*)

389. AR. — Tête de Bacchus barbu, tournée à à gauche. R. — Hercule, à demi agenouillé, lançant des flèches aux oiseaux du Stymphale. (*Thasus.*)

390. AR. — La chimère passant, à gauche. R. — Une colombe dans une couronne de laurier. (*Sicyon.*)

391. AR. — Tête d'homme, imberbe et diadêmé, tournée à droite. R. — Minerve assise, présentant une couronne de laurier ; derrière elle est un arc. (*Philetærus, Pergami rex.*)

392. AR. — Tête de Lysimaque, tournée à droite. R. — Minerve assise, tournée à gauche, et soutenant sur une main l'image de la Victoire : (*Lysimachus, Thraciæ rex.*)

393. AR. — Même type, avec quelques différences monétaires.

394. AR. — Tête du soleil, portant une couronne rayonnante, et tournée à droite. R. — La fleur du *balaustium*, dans une aire carrée. (*Rhodus insula.*)

395. AR. — Tête d'Antiochus Épiphane, tournée à droite. R. — Jupiter assis. (*Antiochus IV, Syriæ rex.*)

396. AR. — Tête de femme tourelée et tournée à droite. R. — Minerve debout, tenant sur une main l'image de la Victoire. (*Antiochus IV, Syriæ rex.*)

397. AV. — Tête de l'un des Ptolémées, tournée à droite. R. Un aigle debout.

398. AV. — ΒΕΡΕΝΙΚΗΣ ΒΑΣΙΛΙΣΣΗΣ. Tête de Bérénice, voilée et tournée à droite. R. — Une corne d'abondance, à laquelle est noué un diadème (*Berenice, Ptolemæi III uxor.*)

Cette belle médaille est parfaitement conservée.

399. AR. Cinq autres médailles, frappées sous les Ptolémées.

400. AR. — Tête d'Ammon, tournée à gauche. R. — Le *Sylphium*. (*Barce Cyranaicæ.*)

401. AR. — Une centaine de médailles grecques, de modules divers, et qui, la plupart, appartiennent à la Lucanie, à la Sicile, à la Macédoine et à la Syrie.

402. Æ. — Un assez grand nombre de médailles, frappées, la plupart, dans les divers lieux que nous venons de citer.

## MONUMENTS ITALIOTES.

403. Terre cuite. — Débris d'un bas-relief, représentant un homme debout et en regard avec une autre figure qui est assise sur un siége.

Ce fragment faisait partie d'un ouvrage de vieux style et qui paraît avoir été colorié : les formes et le costume de ces deux personnages qui appartenait à une petite frise, offrent beaucoup de ressemblance avec ceux que l'on remarque sur les bas-reliefs volsques, découverts à Velletri [1]. *

H. 5 pouces.

404. Statuette en bronze. — Un guerrier debout, la jambe gauche légèrement fléchie, et dans l'attitude du repos.

La tête de ce personnage est couverte d'un casque dont les couvre-joues (*geneïstères*) sont relevés, et qui est surmonté par un grand cimier (*crista*), semblable à ceux qui ornent les casques des héros, sur la plupart des monuments grecs et étrusques.

[1] *V.* Carloni, *Bassorilievi Volsci in terra cotta dipinti a varii colori, trovati nella città di Velletri.*

Son corps est défendu par une cuirasse garnie d'épaulières (*Peronaï*). Cette arme défensive est entièrement composée de bandes étroites et perpendiculaires, serrées les unes contre les autres, et attachées à des distances égales par sept espèces de liens de forme circulaire, qui paraissent être nattés; à son extrémité inférieure sont attachées des plaques mobiles, que dépasse une tunique très courte.

Cette figure, dont le travail est excellent, se trouve couverte par une patine égale et d'un ton clair : on doit regretter que ses deux bras, qui avoient été fondus à part, et qui étaient insérés sous les épaulières, soient perdus.

Nous pensons que ce bronze appartient à l'un des peuples grecs établis en Italie. *

H. 4 pouces et demi.

405. Statuette en bronze. — Un guerrier casqué et cuirassé, dans l'attitude de combattre.

Cette figure, de style très ancien, nous paraît être de fabrique étrusque.

H. 5 pouces et demi.

406. Statuette en bronze. — Autre figure de même style que la précédente.

H. 5 pouces et demi.

407. Statuette. — Une femme qui marche en écar-

tant les bras. Cette figure paraît être de travail étrusque.

H. 4 pouces.

408. Bronze. — Deux petites têtières de chevaux ; ces deux objets, dont les analogues sont rares dans les collections d'antiquités [1], offrent une singularité assez remarquable, en ce que l'œil droit de l'un, et l'œil gauche de l'autre, sont repoussés dans leur forme naturelle, et sans laisser d'ouverture à la vue.

Ces bronzes ont été découverts dans les environs de Locres.

H. 9 pouces.

409. Bronze. — Une grande et belle patère, de forme ronde, garnie d'un anneau destiné à la suspendre [2].

Son manche est formé par une figure d'homme nu, portant une longue chevelure qui descend sur son dos, et soutenant au-dessus de lui deux béliers adossés, sur lesquels s'attache le bassin de la patère [3].

Ce bronze a été trouvé dans les environs de Bari.

H. 15 pouces et demi.

---

[1] M. Millin, *Description des tombeaux de Canosa*. Pl. II.

[2] Cet objet et les deux suivants, que nous désignons, selon l'usage sous le nom de *patères*, n'ont peut-être servi pourtant, comme beaucoup d'autres, qu'à la préparation des aliments.

[3] Les deux pieds de la figure humaine sont détruits.

ANTIQUITÉS ITALIOTES.   83

410. Bronze. — Autre patère dont le manche est formé par une figure d'homme nu, posant les pieds sur une tête de bélier, et soutenant avec les bras un ornement auquel s'attache le bassin. Ce bronze a été trouvé à Tarente.

H. 16 pouces et demi.

411. Bronze. — Autre patère portant un manche dont l'extrémité, qui est courbée, se termine par la tête d'un canard.

H. 13 pouces et demi.

412. Bronze. — Un miroir de belle conservation. Cet objet de toilette a été trouvé dans un tombeau, près de Reggio, en Calabre.

H. 8 pouces.

413. Bronze. — Une passoire composée de deux pièces qui sont parfaitement conservées, et dont le manche se termine par une tête de canard. Trouvé dans la Grande Grèce.

H. 9 pouces.

414. Bronze. — Un strigile incomplet, et le fond d'une passoire, trouvés dans un tombeau près de Nocera *Dei pagani*.

H. 5 pouces.

415. Cornaline. — Un scarabée de travail grec italiote : sous sa partie plate sont gravés trois chevaux vus de front. Cette amulette est

montée modernement en bague tournante et en or.

H. 6 lignes.

## MONUMENTS ROMAINS.

### TERRE CUITE ET STUC.

416. Statuette. — Priape debout, enveloppé en partie par une grande draperie qui couvre sa tête et enveloppe ses deux bras.

Cette figure est remarquable par la gaîté spirituelle qui anime ses traits, et par la grandeur de ses dimensions. *

H. 10 pouces

417. Statuette. — Une figure de femme debout et drapée.

H. 7 pouces 9 lignes.

418. Fragment de bas-relief. — Un enfant soutenant sur l'épaule droite une guirlande composée de fleurs et de fruits.

Ce beau fragment faisait autrefois partie d'une frise dont un grand morceau est conservé parmi les antiquités du Muséum britannique [1].

---

[1] *A Description of the collection of ancient marbles in the British museum.* Terra cottas, pl. XXIII, n° 43.

## ANTIQUITÉS ROMAINES. 85

et dont un autre débris se trouvait dans la collection de M. Dagincourt [1]. *

H. 6 pouces.

419. Fragment de bas-relief. — Un masque silénique, vu de profil : cet objet faisait aussi partie d'une frise dont un bas-relief complet appartient au Muséum britannique [2]. *

H. 7 pouces.

420. Bas-relief. — Une femme à demi agenouillée; fragment restauré sur un champ de forme ronde.
Diamètre, 5 pouces et demi.

421. Fragment de bas-relief. — Partie postérieure d'un griffon assis : débris d'une frise. *
H. 7 pouces 3 lignes.

422. Tête de femme, ceinte d'un diadème, et coiffée de tresses : près d'elle sont placés un flambeau et un sceptre.

Cette tête, qui est fort belle, est modelée en demi-relief sur un fond de forme ronde.
Diamètre, 3 pouces 11 lignes.

423. Fragments. — Moitié d'un visage de femme. — Le même sujet. — Un Faune agenouillé. * — Un masque comique, * etc.

---

[1] *Recueil de fragments de sculpture antique en terre cuite :* Pl. XII. n° 2. — Le même, *Histoire de l'Art*, etc., Peinture. Pl. CLXXXIII.

[2] *British Museum.* Terra Cottas, pl. XXXI, n° 62.

424. Statuette. — Un enfant à demi couché sur un cochon : jouet qui a été trouvé dans un tombeau.

H. 3 pouces et demi.

425. Statuette. — Un bélier couché : espèce de vase garni d'une anse, et qui a été colorié.
Cet objet était également un jouet d'enfant.

Longueur, 4 pouces 3 lignes.

426. Lampe de forme ronde. — Minerve debout, près d'un guerrier armé qui touche la Victoire : cette dernière élevée sur un piédestal est appuyée sur une palme.

Diamètre, 5 pouces et demi.

427. Lampe de forme ronde. — Sur sa partie supérieure sont figurées les trois Grâces. Une lampe semblable a été publiée par Bellori [1].

Diamètre, 4 pouces 3 lignes.

428. Une petite lampe ornée d'un masque silénique.

Diamètre, 2 pouces 11 lignes.

429. Lampe de forme ronde. — Son pourtour est orné par une guirlande de fruits : au centre, se voit un vieux suivant de Bacchus, saisissant une

---

[1] *Lucernæ veterum sepulcrales iconicæ.* Tab. 4.

femme couchée sur une draperie. (*Spintrienne*)

Diamètre, 3 pouces.

430. Lampe de forme ronde.—La coupe d'Hercule, entre deux massues.

Diamètre, 4 pouces 7 lignes.

431. Lampe de forme ronde. — Une tête humaine, vue de face, et laurée.

Diamètre, 3 pouces 11 lignes.

432. Lampe de forme ronde. — Achille monté sur un bige, traînant le cadavre d'Hector autour de la ville de Troie : sur le haut des murailles est placé Priam, donnant les signes d'une violente affliction.

Bellori[1] a publié une lampe semblable : le dessous de celle que nous décrivons a été restauré.

Diamètre, 4 pouces 11 lignes.

433. Une fort jolie lampe en forme de casque portant une visière grillée.

H. 3 pouces 9 lignes.

434. Autre lampe représentant également un casque à visière grillée, mais qui est surmonté d'une tête d'aigle.

H. 3 pouces.

[1] *Lucernæ veterum*, etc. Tab. 9.

435. Une lampe dont la forme est celle d'une tête de bélier.

Diamètre, 4 pouces 8 lignes.

436. Une petite lampe de forme longue, ornée de lignes et de points en relief.

Longueur, 4 pouces 10 lignes.

437. Une espèce de coupe de forme carrée et qui est élevée sur un pied : sur deux de ses côtés sont adaptées des lampes, dont les dessus représentent des arbres modelés en relief.

H. 4 pouces.

438. Une lampe formée par une petite tortue.

Longueur, 1 pouce 4 lignes.

439. Une lampe à une anse, et dont la forme est celle d'un pied humain.

Longueur, 4 pouces 1 ligne.

440. Autre lampe, dont le dessus est orné par un mufle de lion.

Longueur, 2 pouces 9 lignes.

441. Terre émaillée. — Lampe à une anse et en forme de grenouille : au-dessous se lit cette marque de fabrique : CLODIA. (son antiquité est douteuse.)

Longueur, 3 pouces 7 lignes.

442. Un petit autel domestique, décoré par des guirlandes de laurier.

H. 4 pouces.

443. Une *antéfixe*, ou tuile, destinée à border les toits des édifices : elle est décorée par un masque humain servant de base à une large palmette.

H. 7 pouces et demi.

444. Tête imberbe, coiffée d'une espèce de tiare phrygienne : débris d'une petite statue.

H. 6 pouces 4 lignes.

445. Un vase de forme ronde et surbaissée, portant un goulot très court auquel sont attachées de petites anses.

Sur le haut de ce vase est représentée en relief une lionne qui s'élance, et une autre lionne assise qui tient un lionceau entre ses pattes : près de cette dernière sont figurés des arbrisseaux.

Cet objet est orné de cannelures, et porte une marque de fabrique.

Diamètre, 3 pouces et demi.

446. Deux vases qui portent chacun une anse.

H. 2 pouces 2 lignes.

447. Un petit vase en terre noirâtre, trouvé en 1750, à Gouvieux, près Chantilly.

H. 2 pouces 8 lignes.

448. Une coupe portée sur trois petits pieds : cet objet était enfermé dans un tombeau découvert

en 1767, à Conbrande, paroisse de Soing, en Sologne.

**Diamètre, 3 pouces 7 lignes.**

449. Un petit vase à une anse, et presque entièrement enveloppé de pouzzolane.

**H. 3 pouces 1 ligne.**

450. Une espèce de gourde de forme ronde lenticulaire, et garnie de deux anses et d'un goulot.

**H. 5 pouces 2 lignes.**

451. Trois vases de formes diverses.

452. Un plateau de forme ronde.

**Diamètre, 5 pouces 1 ligne.**

453. Terre rouge. — Un vase sur lequel sont représentés des chevaux courants, et des palmes séparées par quatre médaillons de forme ronde, qui contiennent des lièvres fuyants.

**Longueur, 7 pouces.**

454. Terre rouge. — Autre vase décoré par des ornements qui sont disposés en deux bandes circulaires (incomplet).

**Diamètre, 4 pouces 9 lignes.**

455. Un bras votif entouré d'un bracelet peint en noir.

**H. 4 pouces.**

456. Une grenade votive.

**Longueur, 3 pouces.**

457. Une pomme votive.

    H. 5 pouces.

458. Un objet votif, offert probablement par une femme.

    H. 2 pouces 7 lignes.

459. Autre objet votif, et qui doit avoir été offert par un homme.

    H. 5 pouces.

460. Un objet votif dont la forme est celle d'une espèce de trompe.

    Longueur, 3 pouces.

461. Autre objet votif, dont la forme est à peu près la même que celle qui vient d'être précédemment décrite.

    Longueur, 4 pouces 9 lignes.

462. Une oreille votive.

    H. 2 pouces.

463. Une petite coupe et quelques vases de formes diverses.

    H. 4 pouces et demi.

464. Stuc. — Fragment d'un bas-relief représentant une femme debout, vue de face et vêtue de long : sur sa tête est placé un vase dont les anses servent d'attaches à deux guirlandes

dont les bouts inférieurs sont tenus par la figure dont nous venons de parler.

Ce fragment, qui a dû servir à la décoration intérieure d'un édifice, a été colorié.

H. 21 pouces et demi.

**OUVRAGES SCULPTÉS OU GRAVÉS SUR DES PIERRES DIVERSES.**

465. **Marbre blanc.** — Un buste d'homme de proportion naturelle, et dont les traits offrent quelque ressemblance avec ceux de l'empereur Galba.

H. 13 pouces et demi.

466. **Marbre blanc.** — Bas-relief sur lequel est sculpté le sujet suivant : Un pâtre, assis près d'une table chargée d'une lampe, s'apprête à sacrifier un petit sanglier qu'il tient par les pattes de derrière; devant lui s'élève une statue du dieu Pan; plus loin est un troupeau sous la garde d'un jeune berger, qui joue de la flûte à l'ombre d'un bouquet d'arbres.

Au-dessous du champ sur lequel repose cette composition, est sculpté un chien qui paraît attendre sa part du festin pastoral, ainsi que deux oiseaux qui cherchent leur nourriture sur la terre.

Ce bas-relief, exécuté avec beaucoup de goût, a été restauré dans quelques parties.*

H. 8 pouces 2 lignes.

467. Une urne cinéraire, dont le devant est orné

de deux portiques soutenus par des pilastres : sous celui de droite, se voit un vase à deux anses et décoré de feuilles d'acanthe, supportant deux oiseaux. Au-dessus du vase est sculpté un masque humain, vu de face.

Les mêmes objets, à l'exception des oiseaux, sont figurés sur le portique gauche.

Le couvercle de cette urne ne paraît pas être celui qui la couvrait autrefois; sur son fronton, qui est de forme cintrée, est un génie assis à terre près d'une corne d'abondance, et jouant avec un coq : ses *acrotères* sont enrichis par des masques humains; et sur chacun de ses côtés sont représentées deux torches mêlant leurs flammes.

H. 13 pouces 2 lignes.

468. Sardonyx orientale à deux couches. —Camée de forme ronde. Tête juvénile tournée à droite, et d'une très belle exécution; cette tête est prise sur la couche de sardoine, et se détache sur le fond blanc de l'onyx. (Montée en bague d'or.)

Diamètre, 8 lignes.

469. Sardonyx orientale à deux couches. — Camée de forme ovale monté en médaillon d'or.

Un masque humain, vu de face, et qui paraît porter une manière de casque dont la forme est bizarre et inusitée.

Diamètre, 1 pouce 7 lignes.

470. Sardonyx orientale à deux couches.—Camée de forme ovale, monté en bague d'or.

Un cheval baissant la tête et frappant la terre avec deux de ses pieds.

Cette gravure est exécutée sur la couche de sardoine, et se détache parfaitement bien sur l'onyx qui lui sert de fond.

Diamètre, 9 lignes.

## VERRE.

471. Un beau vase à une anse, forme de *præfericulum*, orné d'annelets et de lignes ondoyantes de diverses couleurs, se détachant sur un fond bleu.

H. 3 pouces 4 lignes.

472. Deux petits vases à deux anses et de forme ronde.

H. 2 pouces 1 ligne.

473. Trois fragments de vases : les premiers présentent des empreintes en relief, et le troisième offre quelques parties de figures peintes en or entre deux lames de verre recuites ensemble : quelques objets du genre de ce dernier fragment ont été publiés par Buonarotti [1].

H. 2 pouces.

[1] V. *Osservazioni sopra alcuni frammenti di Vasi antichi di Vetro.*

474. Quatre vases de forme longue et du genre de ceux appelés improprement *lacrymatoires* [1].

H. 4 pouces.

475. Un fragment de vase dont le verre qui est irisé, offre les plus riches couleurs de l'opale ou de celles de la lumachelle de Carinthie.

Longueur, 1 pouce 9 lignes.

### BRONZE ET PLOMB.

476. Statuette en bronze.— Vesta (ou Junon), assise : cette figure est de fort bon style, et l'on doit regretter que son bras droit et sa main gauche soient détruits. *

H. 2 pouces 9 lignes.

477. Statuette en bronze. —Junon debout et diadèmée, portant un grand *peplum*, qui est fort bien ajusté.

H. 1 pouce 9 lignes.

478. Statuette en bronze.—Mercure assis, retirant en arrière la jambe droite, et dans une attitude que les artistes anciens ont donné fréquemment à ce Dieu [2].

Sa main droite tient une assez longue bourse

---

[1] On doit consulter, sur le véritable usage de ces vases, un excellent Mémoire que M. Mongès a inséré dans le Magasin encyclopédique. (1819, T. IV, p. 77 et suivantes.)

[2] V. *Le Antichita di Ercolano*, T. V, tav. 14, etc.

et pose à peu près sur le genou : sa chlamyde, attachée par un nœud sur l'épaule droite, couvre sa poitrine, et retombe sur le bras gauche qui doit avoir soutenu un caducée ; sa tête, portant deux petites ailes, est ceinte d'une couronne de lauriers, qui rappelle à la fois les triomphes de l'éloquence et les victoires des Palæstres ; ses yeux sont incrustés en argent, comme le sont assez souvent les plus beaux ouvrages de ce genre.

Les traits de la figure que nous décrivons n'appartiennent point à l'idéal d'une divinité : ils présentent au contraire des détails de formes qui paraissent indiquer un portrait. M. Visconti, presque toujours si heureux dans ses ingénieuses et savantes investigations, croyait y reconnaître Domitien avec les attributs du fils de Jupiter et de Maïa ; mais cette opinion, qui d'ailleurs pourrait être appuyée sur des exemples analogues, nous paraît cependant assez hasardée, et ne reposer ici que sur une ressemblance bien équivoque, et qui peut être contestée.

Ce bronze, dont le travail est digne du plus grand intérêt, et qui présente une patine très égale, a été découvert en Suisse.

H. 8 pouces 2 lignes.

479. Vase en bronze, de forme ronde et bordé d'un cercle qui en contourne l'orifice : sur son

pourtour se voient figurés en bas-reliefs, les sujets suivants.

Deux pugilateurs. — Un groupe de lutteurs dont l'un, qui est renversé, lève l'index de la main droite en signe de défaite : près de son antagoniste, qui s'arrête et rejète les mains en arrière, est placé l'inspecteur des jeux, témoin de cet exercice. — Deux lutteurs, dont l'un se précipite et étreint son adversaire qui est tombé sur les genoux et sur l'une des mains. — Autre groupe de lutteurs dont l'un, enlevé de terre, cherche encore à disputer la victoire.

Ce vase curieux a pu être donné en prix dans des jeux publics. *

H. 3 pouces et demi.

480. Statuette en bronze. — Mercure debout et nu, tenant une bourse de la main droite, et présentant le bras gauche en avant.

H. 4 pouces 9 lignes.

481. Statuette en bronze. — Harpocrate debout et ailé : une partie des attributs de cette figure, dont le travail est romain, sont détruits. *

H. 2 pouces 2 lignes.

482. Statuette en bronze. — Anubis debout et de travail romain.

H. 2 pouces 7 lignes.

483. Statuette en bronze. — Priape debout, et

portant des fruits sur le devant de sa robe, qu'il tient élevé avec les deux mains. *

H. 2 pouces 8 lignes.

484. Statuette en bronze. — Un prisonnier nu et barbu, assis à terre, et les mains liées derrière le dos.

Ce personnage, dont la chevelure et la barbe sont en désordre, représente un chef de barbares, probablement Gaulois ou Germain; l'attitude qui lui est donnée sert heureusement au développement de ses formes, qui sont vigoureuses et ramassées : sa tête, détournée avec une sorte de fierté sauvage, exprime parfaitement cette audace inébranlable que César admirait dans *Vercingentorix*, et semble rappeler les traits de l'un des guerriers qui défendirent vaillamment l'indépendance des Gaules.

Cette figure est bien conservée, et recouverte également partout d'une patine assez claire et d'une fort belle couleur : nous pensons qu'elle a dû être anciennement appliquée sur la base d'un petit monument triomphal, où elle était répétée en sens inverse, comme le sont quelquefois les images de captifs représentés sur les bas-reliefs de travail romain.

Les groupes d'armes qui servent de fond et de terrain à cette figure, ont été ajoutées depuis peu d'années, et sont d'une bonne exécution.

Ce bronze a été découvert à Putigny, près Louhans, département de Saône-et-Loire. *

H. 8 pouces 11 lignes.—Largeur, 10 pouces 2 lignes.

485. Statuette en bronze. — Un prisonnier gaulois ou germain, à demi agenouillé : ses mains sont attachées derrière le dos, sous un bouclier de forme hexagone, et sa tête paraît contenue par une espèce de carcan.

Cette figure a été découverte à Rheims, et M. Grivaud [1] en a donné la gravure.

H. 2 pouces et demi.

486. Bronze.—Un Pygmée sautant sur une jambe, et dont les bras sont mutilés. *

H. 2 pouces et demi.

487. Statuette en bronze. — Une jeune femme assise, inclinant à gauche la tête et le haut du corps, croisant l'une des cuisses sur l'autre, appuyant une main sur son siége, et dirigeant l'autre main vers son sein.

Cette jolie figure, dont le mouvement est plein de grâce et d'abandon, porte une chevelure ondulée et réunie en touffe sur le sommet de la tête ; son vêtement consiste en une *stola*, dont la seule attache visible est formée par une fleur en argent, et qui est recouverte

---

[1] *Recueil de Monuments antiques, la plupart découverts dans l'ancienne Gaule.* Pl. v, n. 2.

en partie par un *peplum*, qui enveloppe également l'un des bras : ses pieds sont contenus dans une chaussure qui les couvre à moitié, et dont la forme se trouve rarement offerte par les monuments antiques.

La *sella* sur laquelle cette femme repose, est garnie d'un petit dossier et de bras à jour ; ses pieds figurent assez bien des cornes d'abondance, unies et croisées deux par deux : cet accessoire, qui a été travaillé séparément, a toujours appartenu à cette figure, avec laquelle il a été trouvé.

Ce bronze, dont les yeux sont incrustés en argent, a été découvert à Mâcon (*Matisco*), département de Saône-et-Loire.*

H. 6 pouces 2 lignes.

488. Statuette en bronze. — Une jeune fille debout, vêtue d'une *stola* et d'un *peplum*, la tête appuyée sur la main droite, et tenant de l'autre main un *acerra*, ou peut-être un coffret à bijoux. Cette figure a été dorée.*

H. 2 pouces 3 lignes.

Statuette en bronze. — Une jeune fille debout, et en partie enveloppée d'un grand *peplum* : elle incline légèrement sa tête, qui est dirigée de côté ; sa main gauche est appuyée sur la hanche, et la droite touche le vêtement qui lui couvre la cuisse.*

H. 3 pouces.

489. Statuette en plomb. — Un jeune homme nu et appuyé sur un bâton : son col est orné d'une espèce de *torques*, assez semblable à celui qu'on observe à la statue célèbre, conservée à Rome, et qui est connue sous la fausse dénomination de *Gladiateur mourant*.

Trouvé dans la presqu'île de Perrache, à l'extrémité de la ville de Lyon.

H. 1 pouce 8 lignes.

490. Statuette en bronze. — Un mime portant un masque ainsi que le costume d'un esclave, et qui paraît méditer quelque fourberie. *

H. 2 pouces 2 lignes.

491. Statuette en bronze. — Un personnage togé, debout, et tenant un *volumen* roulé dans la main gauche.

Cette petite figure, dont la tête est celle d'un ours, nous semble avoir été faite dans un but satirique, et probablement pour ridiculiser quelque orateur connu.

H. 2 pouces.

492. Bronze. — Deux *larves*, surmontées de têtes humaines, et qui ont été trouvées dans un tombeau.

H. 2 pouces et demi.

493. Bronze. — Un *phallus*.

H. 2 pouces.

494. Statuette en bronze.— Une panthère debout et levant une des pattes de devant.

*Longueur, 2 pouces 8 lignes.*

495. Statuette en bronze. — Un âne debout et qui brait ; son dos est chargé de deux paniers, qui s'enlèvent à volonté, mais qui cependant lui ont toujours appartenu ; ses jambes de devant sont en partie détruites.

*Longueur, 3 pouces 4 lignes.*

496. Statuette en bronze.— Une petite souris, rongeant un objet qu'elle tient entre les pattes.

*Longueur, 14 lignes.*

497. Statuette en bronze. — Le même sujet que le précédent.

Cet objet paraît avoir servi à l'ornement d'un manche d'instrument.

*Longueur, un pouce et demi.*

498. Bronze. — Un ornement de forme octogone : sur son pourtour sont figurés, en bas-relief, quatre chiens lancés à la poursuite d'un sanglier.

Ce bronze, dont le travail est fin et la patine fort belle, paraît avoir été enchâssé sur un objet qui nous est inconnu.

*Diamètre, 3 pouces.*

499. Bronze. — Une lampe, dont la forme est celle d'un pied de femme contenu dans une

chaussure; son anse est adaptée à l'arrière du talon, et l'ouverture destinée au passage de la mêche se trouve placée devant le bout du gros orteil.

Ce bronze, dont le travail est parfait, présente une patine très égale.

Longueur, 4 pouces 9 lignes.

500. Bronze. — Autre lampe de forme ronde, et garnie d'une avance qui forme une espèce de coquille : du milieu de cette lampe s'élève un montant dans lequel est passé un anneau, et qui devait servir à l'accrocher à un *lampadaire*.

Longueur, 3 pouces 3 lignes.

501. Bronze. — Deux vases en forme de gobelets, garnis chacun, en haut, par une gouttière dont l'extrémité est pointue.

L'un d'eux porte une anse terminée par la tête d'un cygne. *

H. 3 pouces et demi.

502. Bronze. — Patère de forme ronde, dont le manche figure un petit bâton flexible, croisé sur lui-même et retenu par un lien.

Cette patère est encore recouverte en partie par une très belle patine, et l'un de ses côtés est décoré par des ornements gravés.

Longueur, 8 pouces.

503. Bronze. — Une petite patère, qui n'offre aucun ornement.

Longueur, 6 pouces et demi.

504. Bronze. — Un manche de patère, cannelé et terminé par la tête d'un bélier.

Longueur, 5 pouces.

505. Bronze. — Deux belles têtes de béliers, qui ont également appartenu à des manches de patères.

Longueur, 2 pouces.

506. Bronze. — Trois espèces de *coins*, du genre de ceux que l'on trouve fréquemment dans plusieurs parties de l'ancienne Gaule, et dont la destination n'est point encore bien connue.

H. 6 pouces 5 lignes.

507. Bronze — Quatre spirales dont l'emploi nous est inconnu.

Diamètre, 3 pouces 7 lignes.

508. Bronze. — Une fibule dont la patine est très belle.

H. 2 pouces.

509. Bronze. — Une clef à sept dents, et dont le haut se termine par la tête d'un quadrupède.

Longueur, 4 pouces et demi.

510. Bronze. — Un anneau garni d'une clef, et dont la patine est remarquable.

Diamètre, 9 lignes.

511. Plomb. — Trente-quatre bagues dont les chatons contiennent des ornements en relief.

Diamètre, 9 lignes.

512. Bronze. — Une espèce de vase de forme ronde, et qui paraît avoir servi d'étalon de mesure pour la vente des graminées.

H. 4 pouces 7 lignes.

**BIJOUX.**

513. Or.—Amulette. Un génie ailé, tenant une patère avec la main droite, et de la gauche un objet dont il ne reste qu'une partie, mais qui paraît être le fragment d'une palme.

H. 8 lignes

514. Or. — Un génie tenant une patère avec la main droite, et dont la main gauche, qu'il élève, soutenait un objet auquel nous ne pouvons appliquer aucun nom.

Cette figure doit avoir fait partie d'un pendant d'oreille.

H. 9 lignes.

515. Or. —Une boucle d'oreille dont l'anneau est chargé d'une petite forme ronde, remplie d'ornements finement exécutés, et dont le pendant est formé par un joli vase composé de trois pâtes vitreuses, imitant la sardonyx.

Cet objet a été découvert dans la rue des orfèvres, à Tarente.

H. 14 lignes

516. Or. — Autre boucle d'oreille : son anneau est orné par une tête de hyène, et son pendant par une vermeille taillée en poire.

H. 9 lignes.

517. Or. — Un petit Phallus garni d'une bélière. — Une perle de collier. — Une feuille d'acanthe, travaillée avec beaucoup de finesse, et provenant d'un objet inconnu.

### MÉDAILLES.

518. Æ. — Tête de Janus *bifrons*. R.—Une proue de navire.

519. AR. — Vingt-deux médailles qui appartiennent aux familles romaines dont les noms suivent :

*Acilia.— Cassia. — Claudia. — Hostilia. — Julia. — Papia. — Plautia. — Posthumia. — Scribonia. — Volteia.*

520. AV. — Tête de femme voilée, à droite : *C. Cæsar cos. ter.* R. — Les instruments de sacrifice : *A. Hirtius pr.*

521. AV. — Tête d'Auguste, à droite : *s. p. q. r. Cæsari Augusto*. R. — Des portiques surmontés d'un char tiré par un éléphant : *Viæ mun. sunt. quod.*

522. AV, — Tête laurée d'Auguste, à droite : *Cæsar Augustus divi f. pater patriæ.* R. — Les féciaux : *Augusti f. cos. desig. principibus.*

523. AV. — Tête laurée d'Auguste, à droite : au-dessus d'elle une étoile. *Divos divi August. f.* R.—Tête laurée de Tibère, à droite : *Ti. Cæsar divi Aug. f. Augustus.*

524. AV. — Tête laurée d'Auguste, à droite : *Divi f. Augustus.* R. — Un taureau bondissant : *Imp. x.*

525. AV. — Tête d'Auguste portant une couronne radiée, et tournée à droite : *divus Aug. Pater patriœ.* R. — Tête laurée, tournée à droite : *C. Cæsar Aug. post. m. tr. p. et.* III. *cos.* III.

526. AV. — Tête laurée de Tibère, à droite : *Ti. Cæsar divi aug. f. Augustus.*
R. — Une femme assise, tournée à droite, et tenant une haste ainsi qu'un rameau : *Pontif. maxim.*

527. AV. — Tête de Claude, à droite : *Ti. Claud. Cæsar Aug. p. m. tr. p.* VI. *imp.* VI. R. — Une femme assise, et tournée à gauche : *Constantiœ Augusti.*

528. AV. — Tête laurée de Néron, à droite : *Imp. Nero Cæsar augustus.* R. — Jupiter assis, appuyé sur un sceptre, et tenant la foudre : *Iupiter custos.*

529. AV. — Tête laurée de Galba, à droite : *Imp. ser. Galba Cæsar Aug.* R.—Un homme debout, vu de face, et appuyé sur une *haste* : *Virtus.*

530. AV. — Tête laurée de Vitellius, à droite : *A. Vitellius Germ. imp. aug. tr. p.* R. — Une femme assise, à gauche : *L. Vitellius cos.* III. *censor.*

531. AV. — Tête de Vespasien, à droite : *Imper.*

*Vespasian. t. Cæsar.* R. — La Fortune debout, sur un autel : *Pontif. tr. pot.*

532. AV. — Tête laurée de Vespasien, à droite : *Vespasianus Cæsar. imp.* R. — Un guerrier assis entre deux oiseaux qui volent : *Cos.* VI.

533. AV. — Tête laurée de Titus, à droite : *Imp. Titus. Cæs. Vespasian. aug. p. m.* R. — Une femme assise : *Tr. p.* VIIII. *imp.* XIIII. *cos.* VII. *p. p.*

534. AV. —. Tête laurée de Domitien, à droite : *Domitianus Cæsar aug. f.* R. — Rémus et Romulus allaités par une louve : *Cos.* V.

535. AV. — Tête laurée de Nerva, à droite : *Imp. Nerva Cæs. aug. p. m. tr. pii. cos.* III. *pr. r.* R. — La Fortune debout : *Fortuna August.*

536. AV. — Tête laurée de Trajan, à droite : *imp. Cæs. Ner. Traiano p. ti. m. aug. Germ. Dac.* R. — Tête du soleil : *Parthico p. m. tr. p. Cosui. p. p. s. p. q. r.*

537. AV. — Tête de Trajan, à droite : *imp. Traianus aug. ger. dac. p. m. tr. p. cos.* VI. *p. p.* R. — Le Forum : *Forum Traian.*

538. AV. — Tête de Trajan, à droite : *Imp. Cæs. Nerva Traian. Aug. germ.* R. — L'empereur sur un quadrige : *Dacicus. cos.* IIII. *p. p.*

539. AV. — Tête de Trajan, à droite : *Divo Traiano part. h. aug. patri.* R. — Tête de Plotine, tournée à droite : *Plotinæ aug.*

540. AV. — Tête de Matidie, à droite : *Matidia*

*Aug. divæ Marcianæ. f.* ʀ. — Une femme debout, entre deux petites figures : *pietas august.*

541. ᴀᴠ. — Tête laurée d'Hadrien, à droite : *imp. Cœsar Traian. Hadrianus aug.* ʀ. — Jupiter assis, tenant une haste et un foudre : *p. m. tr. p. cos.* ɪɪɪ.

542. ᴀᴠ. — Tête laurée d'Hadrien, à droite : *imp. Cœs. Traian. Hadriano. aug. divi Tra. Parthi.* ʀ. — Tête du soleil, à droite : *divi ner. nep. p. m. tr. p. cos.* au-dessous : *oriens.*

543. ᴀᴠ. — Tête laurée d'Antonin le Pieux, à droite : *Antoninus aug. pius f. p. tr. p.* xvɪɪ ʀ. — Un homme togé, tenant un petit globe : *cos.* ɪɪɪɪ.

544. ᴀᴠ. — Tête de Faustine, à droite : *diva Faustina.* ʀ. — Un paon détournant la tête : *consecratio.*

545. ᴀᴠ. Tête de Faustine, à gauche, *Faustina aug. pii aug. fil.* ʀ. — Une colombe : *concordia.*

546. ᴀᴠ. — Tête de Faustine, à droite : *Faustina aug. pii. aug. fil.* ʀ. — Une colombe : *concordia.*

547. ᴀᴠ. — Tête de Marc-Aurèle, à droite : *Aurelius Cœsar aug. pii f. cos.* ɪɪ. ʀ. — Une femme debout, tenant une corne d'abondance et appuyée sur une palme : *hilaritas.*

548. ᴀᴠ. — Tête de Commode, à droite : *Comm. Ant. aug. p. Brit.* ʀ. — L'empereur, à cheval,

chassant un lion : *p. m. tr. p.* x. *imp.* vii *cos.*
-iiii *p. p.* au-dessous : *virt. aug.*

549. av. — Tête laurée de Maximin, à droite : *Maximianus p. f. aug.* r. — Hercule debout, étouffant un lion : *virtus aug. c.*

550. av. — Buste de Probus, à gauche : *imp. Probus p. f. aug.* r. — Rome assise ; devant elle une figure lui présente l'image de la Victoire, et précède un soldat chargé d'un trophée : *vict. Probi aug.*

551. av. Tête laurée de Dioclétien, à droite : *imp. c. c. Val. Diocletianus p. f. aug.* r. — La Victoire montée sur un bige, tenant une palme et une couronne : *Victoria v. c.*

552. av. Tête laurée de Constantin, à droite : *Constantinus p. f. aug.* r. — Un homme à cheval, élevant la main droite : *gloria exercitus gall.*

553. av. — Tête diadêmée de Valentinien Ier, à droite : *d. n. fla. Valentinianus p. f. aug.* r. — Un soldat tenant le labarum et l'image de la Victoire : *Victoria aug. g. g.*

554. av. Tête de Valentinien I, à droite, et portant un diadème orné de gemmes : *d. n. Valentinianus pt. aug.* r. — Un soldat tenant le labarum et l'image de la Victoire : *restitutor reipublicæ.*

555. av. — Tête de Valentinien, portant un diadème orné de gemmes, et tournée à droite : *d. n.*

ANTIQUITÉS ROMAINES.

*Valentinianus, p. f. aug.* R. — La Victoire tenant une couronne : *Victoria augusta.*

556. AV. — Tête diadêmée de Valentinien ; à droite : *d. n. Valentinianus p. f. aug. g.* R. — Deux empereurs assis sur un même siège et tenant ensemble un globe : *Victoria aug. c.*

557. AV. — Tête diadêmée de Valentinien, à droite : *d. n. Valentinianus p. f. aug.* R. — l'empereur debout, appuyé sur le labarum, et portant un globe surmonté de l'image de la Victoire : *restitutor reipublicæ.*

558. AV. — Tête diadêmée d'Honorius, à droite : *d. n. Honorius p. f. aug.* R. — Un soldat tenant le labarum et l'image de la Victoire : *Victoria. aug. g. g.*

559. AV. — Buste d'Honorius, casqué et vu de deux tiers. *d. n. Honorius pt. aug.* R. — Deux femmes assises et casquées, soutenant un bouclier sur lequel on lit : *vot.* XXX *mult.* XXXX.

560. AV. — Buste casqué de Théodose II, vu de deux tiers : *Theodosius p. f. aug.* R. — Roma assise, tenant un globe surmonté de la croix : *Imp.* XXXX *cos.* XVII *p. p.*

561. AV. — Tête de Zénon, à droite : *zeno. pau. p. aug.* R. — Une croix entre deux palmes.

562. AV. — Tête diadêmée d'Anastase I, à droite : *d. n. Anastasius. aug.* R. — Tête de Thela ou Theia, roi inconnu : *d. n. Tela rex.*

563. AV. — Buste cuirassé de Justin, à droite : *d. n. Justinus. p. p. aug.* R. — La Victoire, de face et tenant une bandelette : *Augustorum.*

564. AV. — Tête diadêmée de Justin, à droite : *Justinus r. p. aug.* R. — La Victoire tenant une couronne et le globe surmonté de la croix : *Victoria augustorum.*

565. AV. — Buste diadêmé de Justin, à droite : *d. n. Justianus p. p. a. c. p.* R. — La Victoire tenant une couronne : *Victoria.*

566. AV. — Tête diadêmée de Justinien, à droite : *d. n. Justinianus p. p. aug.* R. — La Victoire debout et tenant une couronne : dans le champ, une étoile, un monogramme, et le mot suivant : *Victoria.*

567. AV. — Buste casqué de Justinien, vu de deux tiers : *d. n. Justinianus aug.* R. — La Victoire appuyée sur une croix : *Victoria aug. g. g. a.*

568. AV. — Tête barbue : à sa droite le globe surmonté d'une croix : légende peu lisible. R. — la croix sur un autel.

569. AR. — Trois médailles de Trajan et de Julia Mammea.

570. Æ. — Cent-vingt médailles de tous modules, du haut et du bas Empire, et la plupart de beaux coins et de bonne conservation.

571. Potin. — Quatre-vingt-seize médailles romaines frappées en Égypte : la plupart d'entre elles sont bien conservées, et appartiennent aux règnes de Trajan, d'Antonin.

### OBJETS DIVERS.

572. Peinture à fresque. — Buste d'homme vu de deux tiers, et le regard dirigé vers l'épaule gauche.

Ce fragment curieux appartenait à une composition dont les autres parties sont détruites.

H. 1 pied. — Largeur 11 pouces.

573. Albâtre oriental. — Deux vases à parfums, du genre de ceux connus sous le nom d'*alabastrites*, et qui paraissent avoir été également en usage chez les Égyptiens, les Grecs et les Romains.

H. 6 pouces et demi.

574. Bois. — Trois fragments d'un morceau de forme ronde, qui passait par le centre d'une colonne antique.

H. 2 pouces 3 lignes.

575. Métal composé. — Un miroir brisé en deux morceaux.

Diamètre, 4 pouces 9 lignes.

576. Argent. — Une jolie petite cuiller.

Longueur, 6 pouces.

577. Cuivre. — Une autre cuiller de forme différente.

H. 4 pouces 9 lignes.

578. Ivoire. — Un peigne à deux fins : sur l'une de ses faces est un buste de femme entre deux figures assises à terre; sur l'autre, se voit un lion en regard avec un griffon.

Largeur, 5 pouces.

579. Ambre et os. — Trois dés à jouer, dont l'un est percé par le centre.

H. 9 lignes.

580. Jaspe vert. — Deux *abraxas* chargées de figures et d'inscriptions barbares : l'un de ces talismans est monté en bague d'or. 1 *

H. 13 lignes.

## MONUMENTS GAULOIS.

581. Granitelle délité. — Un homme accroupi, et les mains placées contre les genoux.

Cette figure, dont le travail est fort grossier, paraît être de beaucoup antérieure à la domination romaine dans la Gaule : elle a été découverte à Langres (*Andematunum Lingones*). 2 *

H. 2 pieds 4 pouces.

[1] La plupart de ces pierres appartiennent à des sectaires peu connus, et paraissent avoir été gravées en Égypte et en Syrie, dans les premiers siècles de l'ère chrétienne.

[2] Elle faisait autrefois partie de la collection de feu M. le comte de Choiseul-Gouffier. V. *Catalogue*, n° 240.

582. Bronze. — Une statuette représentant Jupiter gaulois, debout, couvert d'une petite tunique, et tenant un vase dans la main droite, quelques figures semblables ont été publiées [1].

H. 3 pouces 3 lignes.

## OBJETS COPIÉS OU MOULÉS SUR L'ANTIQUE.

583. Modèle en tôle peinte du portique qui précède le temple d'*Hathor*, à Denderah.

Ce modèle, exécuté avant l'époque de l'expédition de l'armée française en Égypte, n'offre point une imitation très exacte du monument célèbre dont nous venons de parler : ses fonds imitent le porphyre rouge; les sculptures dont il est décoré sont bronzées, et sous son portique est placée une statuette antique en terre émaillée, représentant *Isis* allaitant *Horus*.

H. 10 pouces. — Largeur 18 pouces et demi.

584. Statuette en bronze. — *Typhon* debout et ailé, moulé sur une figure qui fait partie de la collection vendue au Roi par M. Durand.

H. 4 pouces 9 lignes.

585. Statuette en bronze. — Une chatte assise, moulée sur l'antique.

H. 6 pouces 3 lignes.

---

[1] *V.* Dom Martin; *la religion des Gaulois*, etc., T. II, pl. 38.

586. Bronze. — Un lit soutenu par quatre jambes de quadrupède, et dont l'une des extrémités est terminée par la tête d'un homme barbu : sur ce lit est couchée une figure portant également de la barbe, et dont le corps paraît être entièrement serrée dans un vêtement très étroit.

Ce bronze, qui paraît être de travail assez ancien, doit avoir été exécuté dans un temps où les faussaires, moins heureux que ceux de nos jours, manquaient encore de modèles pour exercer leur méprisable industrie.

Largeur, 6 pouces 4 lignes.

587. Bas-relief en bronze. — Un lion couché et tourné à droite, moulé sur un monument égyptien qui appartient à l'institut de Bologne.

Largeur, 5 pouces 11 lignes.

588. Statuette en bronze — Deux figures debout et terminées en gaîne : l'une d'elles est décorée de sept lignes d'hiéroglyphes, et l'autre de deux colonnes en mêmes caractères.

H. moyenne, 5 pouces.

589. Bronze. — Dix flambeaux, dont la forme est imitée d'après celles que présentent quelques autels égyptiens : quatre d'entre eux sont dorés.

H. 8 pouces 7 lignes.

590. Bronze. — Statuette représentant un homme debout et les cheveux pendants sur les épaules. style étrusque

H. 10 pouces 2 lignes.

591. Plâtre. — Un cavalier armé; moulé sur l'un des bas-reliefs volsques trouvés à Velletri. [1]

Largeur, 8 pouces.

592. Bronze. — Statuette réduite d'après la figure de Junon, qui appartient à la collection du Capitole. [2]

H. 2 pouces 11 lignes.

593. Bronze. — Masque accompagné de quelques boucles de cheveux, et offrant les traits de l'Apollon du Belvédère.

Ce bronze, qui est ancien, paraît avoir été fondu sur une terre ou sur une cire modelée à l'ébauchoir.

Socle en bleu turquin.

H. 20 pouces 3 lignes.

594. Bronze. — La Vénus de Médicis, moulée sur l'antique; fonte légère réparée par M. Dammerat.

H. 4 pieds 10 pouces 8 lignes.

595. Bronze. — Vénus accroupie, moulée sur la statue antique qui appartient ou Musée royal de France. [3]

H. 28 pouces et demi.

[1] *Suprà*, n° 403. — [2] *Museum Capitolinum*, T. III, tabul. 8. — [3] Salle des Cariatides, n° 698.

596. Bronze. — Statuette représentant Vénus debout, tenant un miroir.
>H. 3 pouces 10 lignes.

597. Bronze. — Buste de Mercure, placé en saillie sur un champ de forme ronde.
>Diamètre, 3 pouces et demi.

598. Bronze. — Hermès barbu, la tête ceinte d'un diadème, et représentant probablement Bacchus indien (style Æginétique.).
>H. 19 pouces.

599. Bronze. — Tête de Bacchus indien, moulée sur l'antique [1].
>Piédouche en portor.
>H. 2 pieds.

600. Marbre de Carrare. — Tête de Bacchus, belle copie de l'antique : par M. Dohl [2].
>H. 2 pieds 10 lignes.

601. Bronze. — Tête d'Hercule jeune, moulée sur l'antique [3].
>Piédouche en campan.
>H. 21 pouces.

---

[1] *Le Antichita di Ercolano*, T. VI, tavol. 27. — [2] *Museum Capitolinum*, T. I, tabul. 87. — [3] *Le Antichita di Ercolano*, T. VI, tavol. 49. Nous devons faire observer que ce bronze, ainsi que ceux que nous décrirons, et qui ont été également moulés sur des antiquités trouvées à Herculanum, sont d'une extrême rareté, et qu'on les doit même à une permission particulière et très difficilement accordée par la cour de Naples.

## COPIES D'ANTIQUITÉS.

602. Bronze.—Hercule urinant, statuette moulée sur l'antique.
H. 3 pouces et demi.

603. Bronze. — Hercule debout, coiffé de la peau du lion, et tenant un vase de la main droite.
H. 3 pouces 7 lignes.

604. Bronze.—Statuette, représentant une hydre à sept têtes.
Largeur 2 pouces 8 lignes.

605. Marbre blanc. — Copie réduite de la Méduse Rondinini.
H. 9 pouces 10 lignes.

606. Bronze. — Tête barbue, ceinte d'une couronne de lauriers placée au-dessus d'une espèce de diadême.

Cette tête, dont la bouche est ouverte à jour et dont les yeux sont ornés de pupilles en argent, est d'un travail particulier, mais qui peut être antique. [1]

Piédouche en portor.
H. 1 pied 8 pouces 10 lignes.

607. Bronze. — Trois Atlas, statuettes réduites sur l'antique, et qui supportent une lampe astrale ; ces figures sont élevées sur un cippe

---

[1] Ce bronze appartenait à la collection Van-Hoorn, où il passait pour un ouvrage *palmyrien*. Voy. Catalogue, pag. 11., n° 2.

triangulaire en tôle, imitant le porphyre rouge.

H. des figures, 9 pouces 10 lignes.

608. Plâtre. — Deux cadres en bois, remplis chacun par trois registres contenant les copies réduites des bas-reliefs qui ornaient l'extérieur de la *Cella* du Parthénon, à Athènes.

Les marbres originaux appartiennent au Muséum britannique.

H. 10 pouces. Largeur, 4 pieds.

609. Bronze. — Buste d'Alexandre-le-Grand, moulé sur l'antique. [1]

Piédouche en portor.

H. 27 pouces.

610. Bronze. — Tête d'Épicure, moulée sur l'antique. [2]

H. 7 pouces 6 lignes.

611. Marbre blanc. — Copie réduite du tombeau de C. Scipion. [3]

Socle en albâtre fleuri.

H. 11 pouces. Longueur, 1 pied 5 pouces.

612. Bronze. — Buste présumé de Bérénice, femme de Ptolémée Evergète II : moulé sur l'antique. [4]

Piédouche en portor.

H. 1 pied 11 pouces et demi.

---

[1] *Le Antichità di Ercolano*, T. VI, tavol. 69. — [2] *Ibid.*, tavol. 19. — [3] Piranesi, *Monumenti degli Scipioni;* tavol. 11. — [4] *Le Antichità di Ercolano*, T. VI, tavol. 63.

613. Bronze. — Buste présumé de l'une des Bérénices : moulé sur l'antique [1].
Piédouche en granit des Vosges.

H. 1 pied 11 pouces.

614. Bronze. — Buste que l'on suppose représenter Ptolémée Soter II : moulé sur l'antique [2].
Piédouche en brèche africaine.

H. 27 pouces.

615. Bronze. — Buste faussement dit du philosophe Sénèque : moulé sur l'antique [3].
Piédouche en granit vert des Vosges.

H. 18 pouces et demi.

616. Bronze. — Copie réduite de la statue équestre de Marc-Aurèle, qui est placée dans la cour du Capitole, à Rome : ancienne et belle fonte italienne, sur piédestal en bois noirci.

H. 14 pouces.

617. Bronze. — Buste d'homme inconnu, portant une barbe très courte, et supposé, sans fondement, celui du philosophe Héraclite [4].

Ce buste forme un très beau pendant à celui qui sera décrit à l'article suivant.

Piédouche en portor.

H. 26 pouces.

---

[1] *Le Antichità di Ercolano*, T. VI, tavol. 49. — [2] *Ibid.*, tavol. 67. — [3] *Ibid.*, tavol. 36. — [4] *Ibid.*, tavol. 31.

618. Bronze.—Autre buste également moulé sur l'antique, et dans lequel on a cru tout aussi faussement retrouver l'image du Démocrite [1]. Piédouche en portor.
H. 26 pouces.

619. Bronze.—Un jeune homme élevant les mains vers le ciel : statue moulée sur une belle figure qui appartient à la collection du roi de Prusse.
H. 4 pieds 2 pouces.

620. Bronze—Statue moulée sur le *tireur d'épine*, qui est conservé dans la collection du Capitole.
H. 27 pouces.

621. Bronze.—Statuette représentant un mime, le bas du visage caché de son vêtement.
Le bronze original appartenoit à feu M. l'abbé de Tersan. *
H. 2 pouces 7 lignes.

622. Bronze.—Statuette représentant un homme nu, se retournant et faisant un geste lascif.
H. 3 pouces 10 lignes.

623. Bronze.—Statuette : un homme nu, portant la main gauche à sa bouche [2].
H. 3 pouces.

624. Bronze. — Deux vases d'égale proportion, forme de *præfericulum*.
H. 6 pouces 9 lignes.

[1] *Le Antichità di Ercolano*, T. VI, tavol. 33. — [2] *Ibid.*, T. VII, tavol., 94.

625. Bronze. — Une lampe sur laquelle est figuré un poisson.
Diamètre, 3 pouces une ligne.

626. Bronze. — Tête de jeune homme inconnu, et dont le regard est dirigé vers la droite [1].
Piédouche en granitelle brèché.
H. 25 pouces et demi.

627. Bronze. — Tête de jeune homme un peu inclinée, et portant un diadème [2].
Piédouche en marbre veiné.
H. 21 pouces.

## MONUMENTS HISTORIQUES.

628. Pierre calcaire. — Fragments détachés du *Chéops*, la plus haute des pyramides de Giséh.
Longueur, 2 pouces et demi.

629. Grès. — Fragment détaché de la statue de Memnon (Aménophis II), qui se voit encore dans la plaine de Thèbes.
Longueur, 4 pouces.

630. Un saphir blanc, taillé en table, et sur lequel sont gravées les armes de Bourgogne : ce cachet est monté en bague d'or de travail ancien ; sous la pierre sont coloriés les *métaux*

---

[1] *Le Antichità di Ercolano*, T. VI, tavol. 53. — [2] *Ibid.*, T. VI, tavol. 42.

et les *émaux* de la famille dont elle offre l'écusson.

Cette bague a été trouvée en 1792, dans le tombeau du célèbre Jean *Sans-Peur*, duc de Bourgogne, assassiné sur le pont de Montereau, sous les yeux du roi Charles VII, le 10 septembre 1419.

Cet objet curieux et qui présente un vif intérêt historique, appartenait autrefois à la magnifique collection de M. le baron Van Hoorn, qui l'avait recueilli et soigneusement conservé depuis l'époque de sa découverte. [1]

H. 5 lignes.

631. Cuivre. — Sceau du tribunal de l'inquisition à Valladolid. Ce sceau représente une croix placée entre une épée nue et une branche d'olivier.

Diamètre, 11 lignes.

632. Fer. — Un autre sceau, ou timbre sec, de forme cylindrique, représentant les mêmes signes que l'objet précédent : sur le champ, se lit cette abréviation : T. VD. sa légende, ti-

---

[1] *V.* Catalogue. n° 495. — C'est par erreur que ce saphir s'y trouve désigné comme un diamant, cette dernière substance n'ayant été taillée et polie pour la première fois qu'en 1456, par Louis de Berquen, natif de Bruges.

rée du Psalmiste, est ainsi conçue : EXURGE DOMINE ET IUDICA CAUSAM TUAM.

Ce sceau appartenait au Saint-Office, à Valladolid.

Diamètre, 13 lignes.

633. Fer.—Un autre sceau, semblable au précédent.

Diamètre, 17 lignes.

634. Un étendard en soie damassée de couleur cramoisie, et sur lequel sont peints les objets suivants :

Face. — Un saint debout, la tête entourée d'un nimbe, tenant une branche de lys, un livre ouvert et la croix de saint Jean : au centre, un écusson armorié ; sur l'une des pointes, le trirègne papal, et sur l'autre un paquet de flèches : les côtés de l'étendard portent l'inscription suivante tracée en lettres d'or : EXURGE DOMINE IUDICA CAVSAM TUAM ET DISSIPENTVR INIMICI FIDEI.

Revers. — A droite, un saint debout, la tête entourée d'un nimbe et percée d'un couteau, tient un livre ouvert et une palme dans laquelle est passée une couronne : sur le centre sont placées les armes d'Espagne, et les pointes portent chacune un joug et des liens, figurés en couleur d'or. Cet étendard a été trouvé dans le palais du Saint-Office, à Valladolid.

<small>H. 3 pieds 7 pouces.—Largeur, 10 pieds 3 pouces.</small>

635. Un volume, manuscrit sur parchemin, recouvert en velours rouge, et contenant les ouvrages dont les titres suivent : *Ordoadre conciliandos hæreticos : Inquisicion de Valladolid* ( 26 pages ). — *Tabla de las fiestas*, etc. ( 12 pages ).

A la fin du volume sont quatre pages sur papier, contenant les formules d'absolution prononcées par l'inquisition.

<small>H. 8 pouces 2 lignes.—Largeur, 5 pouces 10 lignes.</small>

636. Un manuscrit sur parchemin, contenant le nombre des *Actes de foi* qui ont été *célébrés* par l'inquisition de Valladolid, dans le courant de l'année 1658.

<small>Petit in-folio couvert en parchemin.</small>

637. Autre Manuscrit sur parchemin, formant l'un des registres de l'Inquisition, pour les années 1667-1669.

<small>Petit in-folio couvert en parchemin.</small>

638. Une très forte liasse de papiers, contenant un grand nombre de délations adressées au

Saint-Office, ainsi que les extraits des procédures et des jugements qui les ont suivies.

639. Orden que comunmente se guarda en el Santo-Oficio de la Inquisicion acerca del processar en las causas, que en el se tratan, etc. *Madrid*, 1522, in-4º. Parchemin.

Ce volume est précédé de douze feuillets manuscrits.

640. Fer.—Une croix à branches égales terminées par des lys, et élevée sur un long manche de forme ronde. Cet objet, provenant du Saint-Office, était porté, dit-on, par les condamnés qui allaient au supplice.

H. 32 pouces 8 lignes.

641. Fer. Une croix garnie par le haut d'une bellière, et dont les deux côtés sont chargés d'inscriptions.

Ces sortes de croix étaient suspendues au col des personnes condamnées par l'inquisition.

H. 4 pouces et demi.

642. Bois.—Trois petites croix garnies en fer, et portant également des anneaux destinés à les suspendre au col des condamnés.

Ces croix, qui sont entièrement chargées

d'inscriptions, ont été trouvées dans les cachots du Saint-Office, à Valladolid.

H. 5 pouces.

643. Un morceau de drap jaune, d'un tissu grossier, et de forme oblongue.

Cet objet, qui est percé dans le milieu pour le passage de la tête, et dont les côtés sont chargés de deux croix de Saint-André formées avec des bandes de drap rouge, a été trouvé dans les prisons du Saint-Office, à Valladolid.

H. 18 pouces.—Largeur, 4 pieds et demi.

644. Un bonnet en papier et de forme conique : sur le devant est peint à l'aquarelle un homme en ancien costume espagnol, donnant la main à deux femmes placées à ses côtés; près de la tête du premier personnage se voient deux diables volants qui lui présentent à la figure des torches enflammées : sur le haut de cette espèce de mitre, sont tracées en noir trois grosses araignées.

Ce bonnet, qui paraît avoir été destiné à un bigame, provient des prisons du Saint-Office, à Valladolid.

H. 2 pieds et demi.

645. Autre bonnet de même forme : sur le devant est peinte une femme donnant la main à deux

hommes, dont le costume paraît remonter au règne de Philippe V.

Au-dessus des personnages on lit : CASADADOS BEZES. (Valladolid).

Cette mitre était probablement destinée à une femme bigame. (Valladolid).

H. 2 pieds 10 pouces.

646. Cuivre doré. —Un Reliquaire de forme héxagone et de travail gothique, flanqué à ses angles de six tourillons attachés par des arc-boutants à un couronnement composé d'un petit édifice surmonté de la croix : les deux faces principales de ce reliquaire sont divisées chacune en six compartiments, et contiennent les objets suivants : — Fragments d'os du Cid et de Chimène, trouvés dans leur sépulture, à Burgos.— Fragments d'os d'Héloïse et d'Abailard, extraits de leurs tombeaux, au Paraclet.—Cheveux d'Agnès Sorel, inhumée à Loches, et d'Inès de Castro à Alcaboça. — Partie de la moustache de Henri IV, Roi de France, qui avait été trouvée entière lors de l'exhumation des corps des Rois à Saint-Denis, en 1793.—Fragment du linceul de Turenne.—Fragments d'os de Molière et de La Fontaine. — Cheveux du général Desaix. Deux des faces latérales du même objet sont remplies, l'une, par la signature autogra-

phe de Napoléon ; l'autre contient un morceau ensanglanté de la chemise qu'il portait à l'époque de sa mort, une mèche de ses cheveux, et une feuille du saule sous lequel il repose dans l'île de Sainte-Hélène.

H. 16 pouces 3 lignes.

647. Plâtre.—Empreinte moulée sur le visage de Cromwell.

H. 8 pouces et demi.

648. Plâtre.—Empreinte moulée sur le visage de Charles XII, roi de Suède.

H. 7 pouces.

649. Une petite Écritoire en or, de forme oblongue, accompagnée d'une plume-porte-crayon en même métal, et qui est divisée en trois pièces.

Cette écritoire est contenue dans une boîte de même forme, en vernis de Martin : son couvercle est garni d'une plaque de cuivre doré, sur laquelle on lit cette inscription : *Écritoire de poche de Frédéric-le-Grand, roi de Prusse, pendant la guerre de sept ans, donnée par Bonaparte à Vivant Denon.*

Cet objet, envoyé par Voltaire à Frédéric II,

est rappelé dans les mémoires qu'il a laissé sur diverses circonstances de sa vie. [1]

H. 14 lignes.—Largeur, 1 pouce 10 lignes.

650. Cire. — Un médaillon présentant le portrait de Marat, ouvrage de feu M. Droz.

Ce médaillon, modelé sur nature, n'était point encore entièrement achevé lorsque Marat fut tué par Marie-Charlotte Corday, le 14 juillet 1793.

Diamètre, 3 pouces.

651. Un anneau en argent portant les bustes de Marat et de Châlier, repoussés sur une feuille d'or.

Diamètre, 8 lignes.

---

[1] « Comme son père (Frédéric-Guillaume) lui accordait peu de
» part aux affaires, et que même il n'y avait point d'affaires dans
» ce pays où tout consistoit en revues, il employa son loisir à
» écrire aux gens de lettres de France qui étaient un peu connus
» dans le monde. Le principal fardeau tomba sur moi. C'était
» des lettres en vers; c'était des traités de métaphysique,
» d'histoire, de politique. Il me traitait d'homme divin; je le
» traitais de *Salomon*. Les épithètes ne nous coûtaient rien.
» On a imprimé quelques-unes de ces fadaises dans le recueil
» de mes œuvres; et heureusement on n'en a pas imprimé la
» trentième partie. Je pris la liberté de lui envoyer une très belle
» écritoire de *Martin :* il eut la bonté de me faire présent de
» quelques colifichets d'ambre. Et les beaux-esprits des cafés de
» Paris s'imaginèrent avec horreur que ma fortune était faite. »
( ŒUVRES COMPLÈTES : *édit. de Beaumarchais*, T. LXX, p. 271.)

652. Plâtre. — Empreinte moulée sur le visage de Robespierre, avant sa mort.

H. 9 pouces et demi.

653. Une boucle de cheveux, coupée sur la tête du général Desaix, lors de l'inhumation du corps de ce général, dans le couvent des pères du mont Saint-Bernard, en 1805.

654. Plâtre. — Empreinte moulée sur le visage de Canova, après sa mort.

H. 11 pouces.

# MONUMENTS
## DU MOYEN AGE ET MODERNES.

CIRE. — TERRE CUITE. — TERRE ÉMAILLÉE. — BISCUIT. — SUCCIN. — JAYET.

655. Cire.—Un buste d'homme, ouvrage du seizième siècle, et que l'on croit modelé par Jean Goujeon, sculpteur français.

Ce buste représente un personnage portant une barbette ainsi qu'une moustache : sa tête est assez peu fournie de cheveux; son costume apparent consiste seulement dans un juste-aucorps sur lequel retombe un large collet de chemise, attaché avec un cordon.

H. 8 pouces 6 lignes.

656. *Idem*. — Médaillons embordurés, représentant les personnages suivants :

Louis XVIII, roi de France, modelé par M. Posch, de Berlin. — S. A. R. le duc de Berry. — L'empereur Alexandre. — La reine de Naples, épouse du roi Ferdinand, par M. Denon. — Napoléon Bonaparte, général en chef de l'armée d'Italie, par M. Posch. — Le même général modelé à la même époque et répété deux fois. — Le même, premier consul, par M. Posch. — Le même, en 1805, par M. Posch. — Le même, en 1813, par M. Posch.[1] L'archiduchesse Marie-Louise, d'Autriche, par M. Santarelli. — La même princesse, par M. Posch. — La comtesse de Saint-Leu, par M. Posch, d'après le buste de M. Bosio. — Le grand-duc de Weimar. — La princesse Pauline, d'après le buste de M. Bosio. — Le prince Kourakin. — Voltaire. — Le général Lafayette. — M. Denon. — M. Visconti. — M. Lepeyre, architecte. — M. Nasth, architecte anglais, par M. Couriger. — Madame Souleau, par M. Santarelli. — M. Morel d'Arleu, conservateur des

[1] Ces quatre portraits, qui représentent Napoléon à des âges différents, ont servi de types pour les médailles frappées pendant la durée de son gouvernement.

dessins du Musée royal.—Madame Giacomelli, cantatrice, sculpteur et graveur.—M. Lavallée, ancien secrétaire du Musée royal. — M. Guillotin, docteur en médecine.

Diamètre, 2 pouces 10 lignes.

657. Terre cuite. — Buste en bas-relief et vu de profil, de saint Charles Borromée : ce saint est représenté en prière, et tenant une croix.

Cet ouvrage, appliqué sur un fond de bronze doré, est contenu dans une bordure en bronze de couleur verte.

Diamètre, 7 pouces.

658. Terre cuite. — Buste de Voltaire couronné de lauriers : modèle exécuté sur nature, par Pigal, et qui a servi pour la statue en marbre votée à ce grand écrivain, par les gens de lettres ses contemporains, en 1776 [1].

Piédouche en marbre blanc.

H. 18 pouces 4 lignes.

659. *Idem.* — Statuette représentant Joseph Napoléon debout, et la main droite appuyée sur le traité d'Amiens : par M. Delaitre.

H. 15 pouces.

[1] Cette statue, qui ne méritait pas les éloges que Voltaire prodiguait à Pigal, est placée dans la Bibliothèque de l'Institut royal de France.

660. Terre émaillée : fabrique de Faënza.

Un plat de forme ronde, portant au centre la figure de Mars debout, dans un médaillon entouré de très beaux arabesques.

Le dessous de ce plat offre le même dieu appuyé sur un terme près d'un *vexillum*, et te nant une branche de laurier : autour de lui sont des compartiments circulaires remplis par des arabesques coloriés.

Cet ouvrage paraît avoir été exécuté d'après les dessins de Jean-da-Udine, élève de Raphaël.

Diamètre, 7 pouces 2 lignes.

661. Terre émaillée : même fabrique que la précédente.

Un autre plat sur lequel est représentée Circée debout, et qui présente la coupe fatale à un jeune homme qui s'approche d'elle avec avidité : autour de l'enchanteresse sont groupés des personnages dont quelques-uns commencent à prendre les formes de divers animaux.

Ce sujet se passe sur le bord des eaux, et à quelque distance d'une ville qui occupe une partie du fond.

Diamètre, 9 pouces 8 lignes.

662. Terre émaillée. — Fabrique de Bernard Palissy.

Bas-relief de forme carrée, représentant un fleuve à demi couché sur des roches, appuyant un de ses bras sur une urne qui figure sa source, et tenant un gouvernail; le terrain qui avoisine cette figure est couvert de roseaux.

H. 11 pouces et demi. — Largeur, 13 pouces.

663. Terre émaillée. — Fabrique de Faënza.

Un plat de forme ronde sur lequel est représenté Bethsabée surprise au bain par deux vieillards : deux Amours, dont l'un voltige près de Bethsabée, paraissent encourager par des gestes expressifs l'entreprise hasardeuse de ces amans.

Diamètre, 3 pouces 7 lignes.

664. Terre émaillée. — Fabrique de Bernard Palissy.

Un plat de forme ovale, sur lequel est figuré en relief le baptême de J.-C.

H. 11 pouces et demi.

665. Terre émaillée.

Un bas-relief de forme ceintrée, représentant la Vierge agenouillée devant l'enfant Jésus à demi couché sur la terre: en haut du champ,

Dieu le père, porté sur les ailes des chérubins, regarde avec joie l'Enfant divin, sur lequel descend le Saint-Esprit.

Cet objet précieux, émaillé en blanc sur fond bleu, est l'ouvrage du Lucca della Robbia, artiste florentin très habile, qui florissait vers le milieu du quinzième siècle.*

H. 2 pieds 3 lignes.— Largeur, 16 pouces 3 lignes.

666. Terre émaillée. — Fabrique de Bernard Palissy.

Plat de forme ovale; on y a représenté une jeune bergère assise à terre près de son troupeau : à côté d'elle est un vieux pâtre placé sous un arbre et jouant de la flûte.

Le fond est orné d'un paysage enrichi d'une fabrique, et traversé par une petite rivière sur laquelle est jeté un pont.

Diamètre, 8 pouces 10 lignes.

667. Terre émaillée. — Même fabrique.

Même forme : sujet semblable au précédent, mais qui est diapré d'autres couleurs : le bord de ce plat ne porte point d'ornements.

Diamètre, 5 pouces et demi.

668. Terre émaillée. — Même fabrique.

Un très beau plat de forme ovale: sur un fond qui représente un îlot sablonneux et couvert de coquillages, s'enroule une anguille. Autour de cette espèce de banc, circule un courant d'eau dans lequel nagent quatre poissons. Le bord de ce plat est couvert de plantes, de coquillages et de reptiles.

Longueur, 19 pouces 2 lignes.

669. Biscuit.— Deux médaillons qui représentent les portraits de s. a. r. madame, duchesse de Berry.

Diamètre, 3 pouces.

670. *Idem.* —Buste de Napoléon Bonaparte, portant le costume de premier consul.

H. 9 pouces 9 lignes.

671. *Idem.* — Main de la princesse Pauline Borghèse, moulée sur nature, et conservée sous cage de verre.

Longueur, 7 pouces.

672. *Idem.* — Buste de Canova.

H. 15 pouces 9 lignes.

673. Succin. — Statuette représentant un enfant portant sur la tête un panier rempli de fleurs, et monté sur un monstre marin.

H. 2 pouces 7 lignes.

674. *Idem.*—Statuette imitée du genre chinois, et qui représente un personnage accroupi.

H. 2 pouces et demi.

675. *Jayet.* — Une main fermée, le pouce passé entre l'index et le grand doigt, et sur laquelle est appliqué un croissant décoré d'un profil humain : sous cette main, et dans un sens qui lui est opposé, est sculptée une demi figure de femme couronnée, les mains jointes et les cheveux épars.

Cet objet, ainsi que tous ceux du même genre qui sont publiés, ont été sculptés dans le seizième siècle, et paraissent avoir appartenus à des associations qui sont restées inconnues ; l'académicien Baudelot a fait preuve d'une bien médiocre connaissance des monuments, lorsqu'il a attribué un objet semblable à l'art des Égyptiens [1].

H. 4 pouces 3 lignes.

676. *Idem.* — Deux petites figures qui doivent avoir été détachées d'un objet plus considérable.

H. 2 pouces.

---

[1] *De l'utilité des Voyages*, T. I, pl. xx, n° 2.

BOIS. — OS. — IVOIRE.

677. Bois de poirier. — Un bas-relief représentant Diane et ses nymphes surprises au bain par Actéon.

Sur la droite, Actéon, suivi de deux chiens, paraît debout sur une roche qui forme un pont naturel au-dessus d'un torrent.

Le reste de la composition, partagé sur plusieurs plans, présente quatre nymphes qui se couvrent à la hâte de leurs vêtements, tandis que trois autres chasseresses essuient leur chevelure et leurs pieds : sur le devant, Diane nue, s'élance et fait jaillir sur l'imprudent fils d'Aristée, l'eau qu'elle puise dans le cours du torrent.

Ce bas-relief, dont les figures et le paysage sont traités avec beaucoup d'art, paraît appartenir à la fin du seizième siècle.

H. 3 pouces 8 lignes.—Largeur, 6 pouces et demi.

678. Bois de poirier. — Un bas-relief sur lequel est figuré Vénus assise et caressée par l'Amour : la déesse appuie la main droite sur un personnage dont on ne voit que la partie supérieure, et qui tient à la main droite un objet qui nous est inconnu. A la droite de Vénus est une femme

enchaînée : cinq autre femmes, disposées sur plusieurs plans, représentent les figures allégoriques de la Justice, de la Force, de la Vérité, etc.

Ce bas-relief, dont le travail est très beau, paraît être l'ouvrage d'un artiste florentin, de la fin du seizième siècle.

H. 13 pouces 3 lignes.—Largeur, 11 pouces et demi.

679. Bois de chêne. — Un meuble composé d'un buffet à deux ventaux et d'un bas d'armoire fermant également à deux portes et qui contient un tiroir.

Les côtés du buffet sont ornés de colonnes engagées qui soutiennent une corniche bien profilée : le bandeau qui règne au-dessus de cette dernière est orné d'un buste d'homme se détachant en saillie, et placé entre deux aigles.

Chacun des ventaux est décoré par trois bas-reliefs séparés par des plaques de marbre noir et blanc de forme oblongue : ceux du haut représentent deux femmes assises dans des paysages ; les seconds contiennent les figures allégoriques de la Puissance et de la Victoire, entourées d'attributs guerriers : les derniers portent deux Sphinx arabesques placés en regard. Les angles supérieurs du bas d'armoire sont enrichis de consoles : sur le centre du tiroir est sculptée la tête d'un chérubin, et chacun de ses ventaux présente une figure de femme tenant une fleur à la main.

Ce meuble a été exécuté dans le seizième siècle.

<small>Hauteur entière du meuble, 5 pieds 3 pouces et demi.
Largeur du buffet, 2 pieds 7 pouces et demi.
Largeur du bas d'armoire, 3 pieds 11 pouces et demi.</small>

680. Coco sculpté et garni en argent. — L'une des faces représente la reine de Saba à genoux devant Salomon, assis sur un trône; sur la seconde est figuré Sisara enfonçant un clou dans la tête de Jahel; le troisième offre Judith donnant à porter à sa suivante, la tête d'Holopherne.

Cette espèce de vase a été sculpté dans le seizième siècle.

<small>H. 4 pouces.</small>

681. Bois. — Deux statuettes dont l'une représente un personnage portant l'habit religieux et appuyé sur un bâton; l'autre offre un costume assez particulier, et tient un livre à la main.

Ces figures nous paraissent appartenir au douzième siècle.

<small>H. 22 pouces.</small>

682. Bois de poirier. — Un étui de livre en forme

de volume. Cet objet, qui est travaillé à jour et avec une grande délicatesse d'exécution, doit avoir été sculpté vers le douzième siècle.

H. 4 pouces 8 lignes.

683. Bois. — Buste de Gustave-Adolphe, roi de Suède, appliqué sur fond doré, et contenu dans une bordure de forme ronde.

Ce buste, dont le travail est fort beau, doit avoir été sculpté dans le dix-septième siècle.

H. 2 pouces 10 lignes.

684. Bois de poirier.—Une boîte garnie en velours vert et qui contient douze médaillons en bois, sur lesquels sont modelés divers portraits vus de profil.

Ces portraits, qui sont très bien faits, appartiennent presque tous à l'histoire d'Allemagne.

Diamètre des médaillons, 1 pouce 10 lignes.

685. Ivoire. — Bas-relief en ivoire : sur l'un est une femme couchée et découverte par trois Satyres : au pied du lit est un Amour affligé.

L'autre représente deux femmes à leur toilette : l'une d'elle se peigne elle-même, tandis que sa compagne se fait rendre le même office par une vieille qui est nue et d'un aspect hideux : sur le dernier plan, un homme portant des moustaches, soulève un rideau et contemple cette scène.

H. 3 pouces 4 lignes.—Largeur, 3 pouces 3 lignes.

686. Os. — Tête d'homme barbu et mitré.

H. 4 pouces 7 lignes.

687. Un coffret en bois, dont la forme offre un carré ; sur son pourtour sont placés vingt-deux groupes sculptés en os, et qui représentent alternativement une jeune fille et un jeune garçon, debout vis-à-vis l'un de l'autre : les quatre angles sont ornés de figures armées de boucliers et de massues.

Le couvercle de ce coffret est décoré par des incrustations en ivoire et en bois divers : ses différentes faces, enrichies de bas-reliefs en os, représentent des génies, des guirlandes, etc.

H. 3 pouces 9 lignes.—Largeur, 10 pouces.

688. Os.— Masque d'un homme barbu, tirant la langue.

H. 2 pouces.

689. Ivoire. — Deux bas-reliefs faisant pendants l'un à l'autre, et qui représentent les sujets suivants :

Premier bas-relief, partagé en deux registres.

partie supérieure : Jésus-Christ lavant les pieds de ses apôtres.—La Cène.—Partie inférieure : l'Annonciation. — La Vierge et sainte Elisabeth. — L'adoration des bergers.

Second bas-relief, également partagé en deux registres. — Partie supérieure : la Trahison de Judas.—Partie inférieure : le Massacre des Innocents. — L'Adoration des rois.

Ces différentes scènes se passent sous des arceaux gothiques richement décorés.

Les bas-reliefs qui viennent d'être décrits, ont conservé une blancheur éclatante : leur travail nous paraît dater du quatorzième siècle.

H. 4 pouces 3 lignes. — Largeur, 4 pouces 1 ligne.

690. Ivoire. — Bas-relief dont les figures sont découpées et se détachent sur un fond de velours rouge.

Jésus-Christ assis sur un siége garni d'un marche-pied, tient à la main un *volumen* déroulé : devant lui est la Chananéenne agenouillée : des groupes d'apôtres remplissent les deux côtés du champ.

H. 3 pouces et demi. — Largeur, 3 pouces 2 lignes.

691. Ivoire. — Un bas-relief représentant l'entrée de Jésus-Christ dans Jérusalem.

H. 5 pouces. — Largeur, 4 pouces et demi.

692. Ivoire. — Bas-relief : un homme coiffé d'un chaperon, assis sur un trône garni d'un marche-pied, et levant l'index de la main droite : derrière lui sont placés debout deux autres hommes portant une coiffure semblable à la sienne, et, à sa droite, se voit une femme dont la tête est détruite.

Ce bas-relief, dont le travail paraît être sorti de la même main que le précédent, appartient au treizième siècle.

H. 5 pouces. — Largeur, 2 pouces 9 lignes.

693. Ivoire. — Un diptyque, dont les feuillets contiennent les sujets suivants.

Premier feuillet. — Adam, assis entre les branches d'un arbre, dans le paradis terrestre, est entouré d'un très grand nombre d'animaux : sur le bas du champ sort quatre sources qui suivent un même cours, sans mêler leurs eaux.

Second feuillet, partagé en trois registres.

Registre supérieur. — Un consul couvert de la toge et assis sur une chaise curule garnie d'un marche-pied, élève l'index et le grand doigt de la main droite, et tient avec la main gauche une *mappa* ou peut-être seulement un *volumen* roulé : devant lui se présente un homme debout sur un petit marche-pied, et sur le dos de sa chaise est appuyé un troisième personnage qui tient également un rouleau.

Registre central. — Un Saint debout et placé près d'un foyer qui s'élève de terre, soutient sur le revers de la main gauche un petit serpent auquel il semble adresser la parole : un magistrat portant le *pallium*, un soldat et une autre figure, expriment chacun à leur manière la surprise qu'ils éprouvent à l'aspect du miracle dont ils sont les témoins.

Registre inférieur. — Deux malades, dont l'un est rachitique et l'autre paralysé d'un bras, sont soutenus par deux hommes, dont l'un indique avec le doigt le Saint dont ces malades doivent attendre leur guérison.

Ce diptyque, dont la sculpture rappelle encore de beaux souvenirs de l'ancienne école grecque, peut avoir été exécuté en Orient, avant l'entière décadence de l'art.

M. Grivaud [1] qui a publié une très faible explication de ces sculptures, paraît avoir examiné légèrement cet objet, dont quelques-

---

[1] *Recueil de Monuments*, etc., pl. XXVIII. Le même ouvrage contient aussi quelques mauvaises gravures, faites d'après les plus beaux bronzes de cette collection.

uns des détails les plus remarquables lui ont même échappé.

H. 10 pouces 7 lignes. — Largeur, 4 pouces et demi.

694. Ivoire. — Bas-relief de forme ronde [1], représentant l'attaque du château d'Amour.

Posté sous l'entrée d'un château-fort flanqué de deux tourelles, un chevalier, gardien de quatre demoiselles captives, repousse les attaques d'un autre paladin, qui tente de forcer la porte de cette prison : ces champions, la visière basse, couverts de leurs écus, et montés sur des chevaux caparaçonnés, se précipitent l'un sur l'autre avec une égale ardeur, en se frappant avec des branches d'arbustes, sortes d'armes *courtoises* qui remplacent ici dans leurs mains la lance ou l'épée [2].

Deux autres chevaliers, appartenant au parti assaillant, profitant du désordre qu'entraîne cet étrange combat, s'occupent, en attendant son issue, de la délivrance des belles recluses : l'un d'eux, monté à cheval et atteignant la fenêtre d'une tourelle, reçoit une jeune prisonnière, qui paraît s'abandonner

---

[1] Sur quatre pointes de la bordure circulaire, sont placés en saillie autant d'animaux chimériques. — [2] La branche que tient le chevalier *deffendant* se termine par une fleur à quatre pétales, qui ressemble à une rose.

avec confiance à la discrétion de son libérateur ; l'autre, moins entreprenant, mais non moins chéri, joint les mains en signe de reconnaissance, en recevant une couronne, que lui offre une demoiselle qui se penche vers lui, entre deux créneaux.

Les deux autres femmes que présente cette scène, sont également montées sur le haut du rempart; celle qui est témoin de l'enlèvement de sa compagne, se découvre le sein, et fait un geste qui paraîtrait exprimer un dépit jaloux : la seconde, plus résignée, s'agenouille, et, les mains jointes, implore l'assistance de l'Amour ; ce dieu qui porte une couronne et deux espèces de sceptres, est élevé sur les mains de deux figures vêtues de long et ailées.

Le sujet représenté sur ce bas-relief, et qui ne se trouve répété sur aucun autre objet connu [1], forme l'un des épisodes du célèbre *Roman de la Rose* [2], ouvrage commencé, dans le courant du treizième siècle, par Guillaume de Lorris, et achevé, quarante ans après la mort de ce dernier, par Jean de Meung, dit *Clopinel* (ou le Boîteux).

---

[1] Un manuscrit de la Bibliothèque de Bruxelles, contient une miniature, qui représente l'attaque du château de *l'amour divin*, sujet tout-à-fait différent de celui figuré sur notre bas-relief. — [2] Edition de M. Méon, T. III, p. 84.

Cette sculpture, qui nous semble appartenir au quatorzième siècle, a dû servir originairement de couvercle à un petit coffret. Elle appartenait autrefois à la collection de feu M. l'abbé de Tersan, amateur très instruit, et qui possédait un fort beau cabinet.

Diamètre, 3 pouces 9 lignes.

695. Ivoire.—Un médaillon sur lequel est sculpté en bas-relief la partie supérieure d'une figure de chevalier.

Diamètre, 1 pouce 8 lignes.

696. Ivoire. — Statuette représentant un homme replet, portant une petite moustache, et coiffé d'une perruque moins longue que celles en usage pendant le cours du règne de Louis XIV.

Cette figure, dont la tête offre certainement un portrait, est représentée avec les attributs de Silène; son travail peut la faire reporter à l'époque de la régence, et nous pensons qu'elle offre les traits de quelque personnage dont l'intempérance était assez connue pour mériter cette sorte de transformation bachique.

H. 7 pouces 3 lignes.

697. Ivoire. — Un médaillon sur lequel est représenté le portrait de l'un des dauphins de France.

Diamètre, 4 pouces 3 lignes.

698. Ivoire. — Une petite boîte de forme ronde : sur son couvercle, sont découpées à jour les figures de Pierrot et d'Arlequin, en admiration devant la Vénus de Médicis.

Diamètre, 2 pouces et demi.

ALBATRE GYPSEUX.—PIERRE CALCAIRE.—MARBRE.

699. Albâtre. — Statuette représentant Mercure s'élançant dans l'air, et porté sur les vents.

H. 18 pouces.

700. Albâtre. — Jésus-Christ délivrant les ames du purgatoire; bas-relief qui offre des détails curieux, et dont l'exécution paraît remonter au douzième siècle.*

H. 16 pouces 4 lignes.—Largeur, 3 pouces et demi.

701. Albâtre. — Statuette vue à mi-corps, et qui représente Othon Henri, duc de Bavière, né le 10 avril 1502 [1].

Ce prince est figuré assis devant une très belle table : sa main droite est appuyée sur un

---

[1] Mort le 12 février 1559. Ce prince, qui fut surnommé *le Magnanime*, quitta, en 1542, la religion catholique pour embrasser le luthéranisme, qui avait été introduit dans ses Etats par son oncle Frédéric, auquel il succéda. L'authenticité de ce portrait est constatée par une médaille d'argent, que possède également cette collection, et qui est décrite sous le n° 780.

livre, et la gauche tient des gants : sa tête, qui est barbue selon l'usage du temps, est couverte d'un chaperon ; une robe et un manteau chargés de riches broderies couvrent la partie apparente de son corps : trois colliers d'ordres descendent sur sa poitrine, et un petit poignard est passé dans sa ceinture.

Le dossier du siége est décoré en haut par une draperie frangée, rattachée vers le milieu : au-dessous sont placées les armes du même prince, contenues dans une couronne de laurier, et entre deux figures de formes satyriques : les montants de ce fauteuil offrent des femmes terminées en gaine, et les bras de ce meuble supportent deux lions couchés.

Cette sculpture, dont le travail est d'une délicatesse surprenante, est attribuée, avec beaucoup de fondement, au célèbre Albert Durer*.

H. 6 pouces.

702. Pierre calcaire. — Groupe de travail barbare, représentant une espèce de satyre, jouant avec une femme de nature semblable.

Cette sculpture, qui est fort ancienne, nous paraît avoir été exécuté dans le nord de l'Europe.

H. 11 pouces 3 lignes.

703. Pierre compacte et d'un grain très fin. —Un médaillon de forme ronde, contenant le portrait vu de deux tiers, d'un homme coiffé avec un grand chapeau.

Ce petit bas-relief, d'une exécution parfaite, est attribué à Albert Durer.

Diamètre, 2 pouces et demi.

704. Marbre blanc. — Deux statuettes qui représentent, l'une un moine couvert de son capuchon, et l'autre un personnage portant des cheveux courts, vêtu d'une tunique et d'un manteau.

Ces deux figures, qui ont été originairement appliquées sur un fond, proviennent des tombeaux élevés aux ducs de Bourgogne, dans l'église des Chartreux, à Dijon [1]. *

H. 16 pouces 3 lignes.

705. Marbre blanc. — Une femme agenouillée et joignant les mains : cette figure, de très beau travail, et qui était appliquée sur un fond, appartenait également, dit-on, à la décoration des tombeaux que nous venons de citer.*

H. 1 pied 9 pouces.

[1] Ces tombeaux magnifiques, détruits en 1792, étaient l'ouvrage de Claux de Verne, de Claux Sluter et de Jacques de La Barce; ce dernier, qui est appelé quelquefois *Claux de Vouzonne*, était valet de chambre et *tailleur d'images* de Jean-Sans-Peur, duc de Bourgogne. V. *Essai historique sur la Sculpture française*, par M. Emeric-David, membre de l'Institut, p. 57 et 58.

706. Marbre blanc. — Deux visages humains, qui proviennent de statues *polylithes* placées sur d'anciens tombeaux.

H. 8 pouces 8 lignes.

707. Marbre blanc. — Un buste de J.-J. Rousseau, ouvrage qui n'a point été terminé.

H. 19 pouces 8 lignes.

708. Marbre de Carrare. — Buste colossal de Napoléon, exécuté en 1803, par Canova.

H. 26 pouces et demi.

709. Marbre de Carrare. — Buste en hermès, représentant M. Denon.

Ce buste, qui unit à l'excellence du travail une ressemblance parfaite, est l'ouvrage de M. Bosio, premier sculpteur du Roi.

Socle en bleu turquin.

H. 20 pouces.

**BRONZE. — FER.**

710. Bronze. — Buste en hermès, représentant Minerve casquée.

Nous ne pensons pas que ce buste, dont le travail est d'ailleurs très beau, soit moulé sur l'antique.

H. 22 pouces et demi.

711. Bronze. — Statuette : Vénus debout, et dans une attitude tourmentée qui décèle l'école florentine.

H. 5 pouces.

712. Bronze. — Statuette : l'Abondance debout, et tenant son attribut ordinaire.

H. 5 pouces.

713. Bronze. — Buste lauré de Pétrarque.

L'amant de Laure paraît ici couvert d'un vêtement auquel tient un capuchon rejeté en arrière : sa tête est rasée, à l'exception de deux petites masses de cheveux, placées au-dessus des oreilles, et l'âge indiqué par ses traits paraît être celui de sa mort, arrivée le 18 juillet, 1374.

Ce buste précieux était originairement appliqué sur un fond : les détails de formes qu'on observe sur son visage, nous portent à croire que ce dernier a été moulé sur nature.

H. 18 pouces 3 lignes.

714. Bronze. — Buste lauré et diadêmé de l'impératrice Catherine II.

H. 10 pouces 3 lignes.

715. Bronze. — Buste en hermès, représentant Napoléon.

Ce buste a été fondu par M. Gounon, sur celui en marbre exécuté par feu M. Chaudet; sa ciselure est due au talent de M. Canlers.

Socle en brocatelle.

H. 21 pouces

716. Bronze.—Buste en hermès et lauré du même personnage.

H. 8 pouces.

717. Bronze.—Napoléon en costume militaire, assis près d'une table soutenue par quatre figures de la Victoire, et cherchant un point sur une carte, avec le compas qu'il tient à la main.

Cette figure a été fondue sur le modèle fait par M. Moutoni en 1809 : le nombre des répétitions qui en existent ne s'élève qu'à six, dont quatre en bronze et deux en argent.

Socle en jaune antique.

H. 15 pouces.

718. Bronze. — Statuette représentant Napoléon assis et lauré, couvert de la chlamyde, et tenant à la main un sceptre, ainsi que divers instruments des sciences et des arts.

Cette figure, dont la masse principale est moulée sur un bronze antique de cette collection [1],

---

[1] *Suprà*, n° 478.

n'a été répétée que quatre fois en bronze, et deux fois en argent.

H. 9 pouces 3 lignes.

719. Bronze. — Statuette : l'archiduchesse Marie-Louise assise, et tenant des pinceaux dans la main droite ; à ses pieds est placée une palette, ainsi que d'autres attributs de la peinture.

Ce bronze est également moulé en partie sur l'un des plus beaux bronzes antiques de cette collection [1].

Le nombre de ses répétitions est égal à celui du précédent.

H. 9 pouces 3 lignes.

720. Bronze.—Buste du duc de Reichstadt, fondu d'après le marbre exécuté par M. Rutxhiel.

Ce bronze est unique.

H. 1 pied.

721. Bronze. —Buste du même, modelé en 1812, par M. Treu, de Bâle, d'après celui exécuté par M. Rutxhiel.

H. 3 pouces 1 ligne.

722. Bronze. —Partie antérieure d'un pouce de la statue colossale du général Desaix, par feu

[1] *Suprà*, n° 487.

M. Dejoux, placée en 1810, sur la place des Victoires, à Paris.

Ce fragment est la seule partie qui subsiste de la statue que nous venons de citer.

H. 7 pouces 10 lignes.

723. Bronze. — Statuette : une femme nue, la tête couverte d'une espèce de calotte, montant à un petit autel, sur lequel elle s'apprête à déposer un objet qu'elle tient à la main droite : cette figure place sa main gauche sur son cœur. (*Spintrienne*).

H. 8 pouces.

724. Bronze. — Statuette, formant le pendant de la précédente.

Une femme, nue et couronnée de pampres, danse en faisant un geste de mépris avec la main droite, en tenant avec la gauche un objet peu reconnaissable.

Cette figure est fondue sur le modèle de M. Bacari.

H. 6 pouces 3 lignes.

725. Bronze. — Une anse de vase, sur laquelle sont figurés les objets suivants : — une muraille, au-dessus de laquelle apparaissent la tête d'une jeune fille et le buste d'un vieillard ; — deux lances et un *lituus*, incrustés en argent ; — une femme assise et demi-nue, les cheveux épars, et

pressant son genou gauche avec les mains; — Vulcain, à demi couvert d'une chlamyde agitée par le vent : cette figure, qui est placée dans une position contraire à celle qui précède, tient à la main un objet peu reconnaissable, et se trouve avoisinée d'un marteau et de trois boucliers.—Ici, l'anse se termine en un croissant, dont les extrémités sont ornées d'une figure de vieillard et de celle d'une femme à demi vêtue.

Ce bel ouvrage paraît être de travail florentin, et il appartient au seizième siècle. *

H. 6 pouces.

726. Bronze. — Statuette : une panthère debout, et qui lève la patte gauche de l'avant.

Ce bronze appartient à la fin du seizième siècle.

Longueur, 10 pouces et demi.

727. Bronze. — Un vase de forme ovale, décoré en haut et en bas par des *feuilles-d'eau;* l'une de ses faces présente une couronne de chêne, et sur celle qui lui est opposée est un *volumen* à demi déroulé.

Le couvercle de ce vase est surmonté d'une chouette.

H. 5 pouces 10 lignes.

728. Bronze. — Une coupe, dont le pourtour est orné de figures d'animaux figurés en creux; le

dessous contient une gravure au trait, qui représente deux suivants de Bacchus, au centre d'une couronne de laurier [1].

**Diamètre, 3 pouces et demi.**

729. Bronze. — Une coupe de forme très évasée; son pourtour extérieur est orné de feuilles de lierre, et son bord intérieur offre une arabesque de très bon goût; le fond est occupé par une figure de femme portant un vase et une coupe, et qui est imitée d'un vase grec [2].

**Diamètre, 5 pouces 2 lignes.**

730. Fer. — Un canon de pistolet dont le fond est doré; sur le devant de cette arme, sont ciselés avec un art surprenant des arabesques du meilleur goût, ainsi que les figures de Bellone, de Mercure, de l'Abondance et de Mars : ces divinités, près desquelles se voient des trophées, occupent chacune le centre d'un compartiment de forme ovale.

Ce chef-d'œuvre de ciselure appartient au seizième siècle. *

**Longueur, 1 pied.**

731. Fer. — Une dague dont la poignée porte une

---

[1] Ce sujet est copié d'après une peinture de vase grec.— [2] Ces deux bordures sont gravées en creux, et la figure de femme est exécutée au trait.

garde inclinée, et couverte d'arabesques parfaitement ciselés.

Le fourreau de cette arme contient, en outre, un couteau dont le manche est aussi en fer ciselé.

Longueur, 16 pouces.

732. Fer. — Une *miséricorde*, dont le pommeau et la garde sont incrustés en argent : la lame de cette espèce de poignard, qui est à quatre arêtes, est percée à jour à des distances égales.

Longueur, 11 pouces et demi.

733. Fer.— Une paire de ciseaux, dont le manche, l'étui et les lames sont incrustés d'ornements en or et en argent; son étui, qui se termine par un petit buste en or, contenait, en outre, trois autres objets qui sont perdus.

Ce joli ouvrage appartient au quatorzième siècle.

Longueur, 9 pouces 9 lignes.

734. Fer. — Statuette. — Frédéric-le-Grand, debout sur un piédestal et appuyé sur une canne : fonte de Berlin.

H. 5 pouces.

735. Fer. — Statuette. — Napoléon debout et les bras croisées. Cette figure est élevée sur un piédestal orné d'aigles et portant la lettre initiale de son nom : fonte de Berlin.

H. 2 pouces et demi.

736. Fer. — Médaillon représentant le buste de Napoléon, vu de profil : fonte de Paris.

Diamètre, 3 pouces 10 lignes.

## VITRAUX ET ÉMAUX.

737. Verre peint. — Un panneau sur lequel est représenté le jeune Tobie prenant congé de ses parents, pour suivre l'ange du Seigneur, qui doit le conduire en Médie.

H. 38 pouces. — Largeur, 20 pouces et demi.

738. Verre peint. — Un panneau incomplet du bas : on y voit représenté en partie la résurrection de la fille de Jaïre ; le haut de cette peinture qui est bien exécutée, offre des masses de grands édifices ainsi que plusieurs groupes de personnages.

H. 37 pouces. — Largeur, 26 pouces.

739. Email sur cuivre : fabrique de Limoges.

Jupiter assis sur les nuages et entouré de la cour céleste, reçoit Psyché, qui est transportée près de lui par Mercure.

Ce sujet, copié d'après Raphaël, est peint en grisaille rehaussée d'or, sur un champ de forme oblongue.

H. 3 pouces 4 lignes. — Largeur, 5 pouces et demi.

740. Émail sur cuivre : fabrique de Limoges.

## MONUMENTS MODERNES. 163

Deux petits plats contenus dans une même bordure en bois doré; sur l'un, Psyché tombée à terre est relevée par l'Amour; sur l'autre, on la voit assise près d'une vieille qui file à la porte d'une masure.

Ces peintures sont également copiées d'après Raphaël; les chairs en sont teintées, mais le reste est exécuté en grisaille légèrement rehaussée d'or.

Les bords de ces plats sont enrichis de beaux arabesques dorés, sur fond brun.

Diamètre, 6 pouces.

741. Émail sur cuivre et de forme ovale : fabrique de Limoges.

Vénus portée sur les nuages, saisit la tête de l'Amour, qui décoche une flèche en l'air; derrière ce dieu est peint en or le signe du taureau.

Grisaille dont les chairs seules sont légèrement teintées.

H. 6 pouces.—Largeur, 5 pouces.

742. Émail sur cuivre : plat de forme oblongue : fabrique de Limoges.

Vénus portée sur les nuages dans un char tiré par deux colombes, tient une palme à la main, et veut retenir l'Amour qui s'échappe : le pourtour de ce petit plat est orné de mascarons contenus dans des espaces remplis par divers enroulements.

Cet émail est exécuté en grisaille avec des parties teintées; sur son revers sont des masques satyriques accompagnés de rameaux d'or, entre des lacs; sa bordure est formée par une couronne de laurier dont les parties lumineuses sont rehaussées d'or: le reste du champ est couvert de feuillages arabesques en or.

H. 8 pouces.

743. Émail sur cuivre : fabrique de Limoges.

Un coffret de forme oblongue, et dont le couvercle est plat; sur ses diverses faces sont représentés les sujets suivants:

Couvercle. — Vénus et Bacchus prenant Minerve dans un filet : sur les deux côtés de cette peinture, est inscrite une pièce de vers terminée par l'avertissement suivant :

*Par cet emblême est facile d'entendre, que vin et femme attrapent les plus sages.*

Sur le même champ sont placées les initiales suivantes, qui nous paraissent être celles du peintre Courtin, C. N.

Devant du coffre. — Un prêtre unissant une jeune femme à un jeune homme dont les yeux sont bandés; près d'eux sont peintes des chaînes d'or : sur les côtés du champ, se lit une pièce de vers dans laquelle on engage les hommes à préférer les qualités de l'ame aux seuls charmes de la beauté.

Sur cette face, est la date de l'année 1545.

Face opposée de la précédente.—Un joueur, posant la main sur un monceau d'or : devant lui est une table chargée de cartes et de dez; dans le fond, un homme, armé d'une massue, chasse un autre personnage qui représente peut-être un joueur dépouillé; sur les côtés de cette peinture, se lit une pièce de vers, qui contient une morale très naïve sur les dangers que l'on court en s'abandonnant à la passion du jeu.

Côté droit.—Un homme rompant une épée sur une enclume; au dessous, on lit :

*En danger est de rompre son espée, qui sur l'enclume en frappe rudement.*

Côté gauche.—Un homme arrachant avec la main une tige de rosier; au dessous, on lit :

*Qui veult la rose, ne vert buisson saisir.* *

H. 4 pouces et demi. — Largeur, 6 pouces 10 lignes.

744. Émail sur cuivre, de forme ronde : fabrique de Limoges.

Sur l'une des faces, Céphale et Procris, assis au pied d'un arbre, paraissant s'entretenir de leur amour; près d'eux est un chien, et le paysage représente un bois et un torrent.

Sur la face opposée, qui est légèrement bombée, Céphale, armé de javelots, quitte Procris pour aller à la chasse.

Cet émail est rehaussé d'or.

Diamètre, 2 pouces 7 lignes.

745. Émail sur cuivre : fabrique de Limoges.

Un coffret portant un couvercle de forme ceintrée, et dont les diverses faces sont ornées par les sujets suivants :

Couvercle. — Abimelech offrant quelques pains à Abraham. — Dans un sens opposé, Gédéon frappant de terreur l'armée des Madianites. — Devant du coffre. — Le frappement du rocher. — Face opposée : le repas de Balthazar. — Côté droit du couvercle : le buisson ardent. — Côté opposé : un corbeau apportant un pain au prophète Élie. — Côté droit du coffre : le sacrifice d'Abraham. — Côté opposé : Joseph et Putiphar.

Dessous : un serpent mort, et d'autres serpents rampants sur la terre, etc.

Ce coffret, dont les peintures sont fort belles, est l'ouvrage de Courtin; sa monture, et l'étoffe dont il doublé, datent l'une et l'autre de l'époque à laquelle il appartient, c'est-à-dire, à la moitié du seizième siècle [1].

H. 6 pouces 4 lignes.—Largeur, 6 pouces 8 lignes.

746. Émail sur cuivre, de forme rectangulaire : fabrique de Limoges.

Deux plaques, formant pendants. Sur l'une

---

[1] Cet émail a éprouvé quelques dégradations de peu d'importance.

est représenté le sujet de la femme adultère; sur la seconde est figuré le lavement de pieds.

Grisaille teintée dans les chairs, et rehaussée d'or.

H. 5 pouces 2 lignes.—Largeur, 3 pouces 9 lignes.

747. Émail sur cuivre, forme carrée : fabrique italienne.

Deux plaques, formant pendants. Sur l'une, Jésus-Christ, au jardin des Olives, reçoit le baiser de Judas; près de ce groupe, est figuré saint Pierre coupant l'oreille à Malchus. — Sur l'autre, Jésus-Christ, accompagné de saints personnages, délivre les âmes du purgatoire.

Colorié et rehaussé d'or.

H. 5 pouces 7 lignes.—Largeur, 5 pouces.

748. Émail sur or.—Jésus-Christ debout, et tenant sa croix : petite figure du plus beau travail, et dont les diverses parties sont coloriées [1].

Cet ouvrage, exécuté dans le seizième siècle, par Benvenuto Cellini, est renfermé dans une jolie boîte en jaspe sanguin, avec monture en or émaillé, et glace en cristal de roche.

H. 2 pouces,

749. Bronze émaillé. — Statuette représentant

[1] Cette figure est copiée d'après le Christ de Michel-Ange, qui se voit dans l'église de la *Minerva*, à Rome.

Jésus-Christ, les bras étendus et dans l'attitude du crucifiement.

Cette figure, dont quelques parties du vêtement sont émaillés, peut être antérieure au douzième siècle.

H. 6 pouces 3 lignes.

750. Émail sur cuivre, forme carrée : ancienne fabrique.

Jésus-Christ sur la croix, entre les deux larrons ; l'ame du pécheur repentant est recueillie par un Ange, tandis que celle de son compagnon est enlevée par le Diable.

Cette scène présente, en outre, la Madeleine qui gémit aux pieds de la croix; près d'elle, à gauche, est un groupe composé des saintes femmes; la droite est remplie par une troupe de gens armés, et la ville de Jérusalem sert de fond à ce tableau.

Cet émail, l'un des plus beaux que nous connaissions, est rehaussé d'or, et la plupart de ses détails sont traités en relief; on peut le croire de travail italien, et son style doit le faire classer parmi les meilleures productions du quatorzième siècle.

H. 9 pouces 3 lignes. — Largeur, 8 pouces 9 lignes.

751. Émail sur cuivre.—Champ octogone, inscrit dans un carré [1] : fabrique de Limoges.

[1] Les quatre angles sont enrichis d'ornements en relief.

Le bon Ange conduisant un enfant vers la lumière céleste.

Colorié et rehaussé d'or; ouvrage de Laudin.

H. 4 pouces 10 lignes. — Largeur, 3 pouces 10 lignes.

752. Émail sur cuivre, forme carrée : fabrique de Limoges.

Sainte Marguerite, debout sur un dragon, les mains jointes et tenant une petite croix, écoute les prières que lui adressent trois jeunes filles agenouillées sur des plans différents [1].

Sur le bord du champ est peint un écusson [2], près duquel est écrit : M. LUCRETIA.

Cet émail, dont le travail est rempli de grâce, nous paraît être une espèce d'*ex voto*, offert par ces jeunes personnes dont les têtes paraissent être des portraits, et dont le costume riche et élégant indique le rang distingué.

Cette belle grisaille, légèrement teintée et rehaussée d'or, appartient au seizième siècle.

H. 5 pouces 9 lignes. — Largeur, 4 pouces 8 lignes.

753. Émail sur cuivre, forme rectangulaire : fabrique de Limoges.

---

[1] La tête de la sainte est entourée d'un nimbe, et éclairée par un rayon de la lumière céleste. Sur le champ, on lit, en lettres d'or, l'invocation suivante : *Sancta Margarita ora pro nobis.* —
[2] Cet écusson porte une licorne, passant à droite, sur fond de *sinople*.

Paysage garni d'arbres et traversé par une rivière. Sur le premier plan, six personnages dont les poses sont variées, dirigent leurs regards vers la gauche. Sur un plan plus éloigné, trois hommes, arrêtés à peu de distance d'un cerf, regardent du même côté que les précédents.

Cet émail formait évidemment le ventail gauche d'un tableau de ce genre, dont il n'offre que des figures accessoires; la beauté de son exécution l'a fait comprendre parmi les objets que M. Denon se proposait de publier.

Grisaille rehaussée d'or, et dont les chairs sont légèrement teintées.*

H. 11 pouces 4 lignes. — Largeur, 5 pouces 11 lignes.

754. Émail sur cuivre, forme carrée : fabrique de Limoges.

Saint Pierre vu à mi-corps et de médiocre travail. Cet objet est colorié.

H. 3 pouces. — Largeur, 4 pouces.

755. Email sur cuivre, forme ronde : fabrique de Limoges.

Un homme plongé dans un cuvier, foule le raisin qui lui est apporté par ses compagnons : sur un plan plus éloigné, est une femme placée devant un tonneau, et qui paraît goûter les prémices de la vendange.

Sur le haut du champ, on lit: SEPTEMBER ; au revers est peint le signe de la balance, au centre d'un ornement un peu chantourné.

Grisaille légèrement teintée dans les chairs.

**Diamètre, 4 pouces 9 lignes.**

756. Bronze émaillé. — Un plat de forme ronde. Sur son centre se voient un homme et une femme de travail de barbare, et placés sur un fond décoré d'arabesques : Autour d'eux règne une bordure circulaire chargée d'une frise gravée en creux : le reste du champ est occupé par six médaillons séparés par d'autres arabesques et qui contiennent autant d'animaux chimériques : les bords et les dessous du même objet offrent également des parties émaillées, et d'autres qui sont gravées en creux. Cet ouvrage est fort ancien.

**Diametre, 8 pouces.**

757. Émail sur cuivre. — Une plaque de forme ronde, sur laquelle est émaillé l'écusson de la maison de Bourgogne, écartelé des armes d'Albret.

**Diamètre, 3 pouces.**

758. Émail sur or. — Une superbe chaîne composée de lames d'or découpées et chargées d'ornemens qui se détachent en or, sur un fond d'émail noir. Chacune de ces plaques s'attache à celles qui l'avoisinent, par quatre fortes bé-

lières, qui sont formées ainsi que la chaîne, avec de l'or au titre de ducat.

Cet objet a été exécuté dans le seizième siècle.

Longueur, 37 pouces.—Poids, 4 onces 7 gros.

759. Émail sur or. — Petit médaillon de forme ronde et ciselé en bas-relief, représentant le buste vu de face, de Gustave-Adolphe, roi de Suède.

Ce portrait dont le fond, la cuirasse et la colerette, sont seuls émaillés, a été exécuté dans le dix-septième siècle.

Monté en épingle d'or.

Diamètre du médaillon, 5 lignes.

760. Émail sur cuivre, forme carrée : fabrique de Limoges.

Deux plaques qui font pendant l'une à l'autre : sur la première est une femme bien vêtue, vue à mi-corps et tenant une bourse à la main : la seconde offre le portrait d'une autre femme qui cache ses mains sous une pièce d'étoffe noire qu'elle tient en avant d'elle.

Ces émaux sont coloriés.

H. 4 pouces—Largeur, 3 pouces.

761. Émail sur cuivre. — Tête de Louis XIV, vue de deux tiers, sur un champ ovale monté en médaillon.

H. 1 pouce.

762. Émail sur or, par Petitot. — Portrait d'un fort bel homme, vu de deux tiers et dirigé vers la gauche : ce personnage est représenté en cuirasse, et le cordon bleu passé en sautoir : sa cravatte, qui est en dentelle, est attachée avec un ruban de couleur rouge.

Forme ovale, montée en médaillon de cuivre doré.

H. 1 pouce.

763. Émail sur or, par Petitot. — Portrait vu de deux tiers et tourné à droite, d'un personnage dont les traits nous sont inconnus : sur sa cuirasse est passé un cordon bleu : sa cravatte est en dentelle et attachée par un ruban assez large et de couleur rouge

Forme ovale.—H. 10 lignes.

764. Émail sur or. — Portrait d'homme vu de deux tiers. Ce personnage, qui nous est inconnu, est décoré du cordon bleu, et porte une cravatte de dentelle. Son costume est celui qu'on portait à la cour de Louis XIV.

Forme ovale. — 10 lignes.

765. Émail sur or. — Portrait vu de deux tiers, de l'impératrice Anne, de Russie. La tête de cette princesse est décorée d'un diadème et de filets de perles qui entourent ses cheveux : une grosse perle, en forme de poire, orne le haut de sa robe,

et ses épaules sont couvertes par un manteau doublé d'hermine.

Au revers du portrait, sur un fond émaillé, est un chiffre en or, formé par les lettres initiales du nom de cette souveraine, et qui est surmonté de la couronne impériale : sur le bord du portrait, se voient les lettres suivantes, qui appartiennent sans doute au nom de l'auteur : A. O. Sur le revers, est placée la date de l'année 1725.

Forme ronde.—Diamètre, 14 lignes.

766. Émail sur cuivre. — Portrait d'homme, vu de deux tiers, et tourné à droite; ce personnage, qui porte une grande perruque, est vêtu d'une draperie mordorée.

Forme ovale.—H. 15 lignes.

767. Émail sur cuivre : fabrique de Limoges.

Une écritoire de forme ronde, dont le centre contient un encrier.

Son pourtour intérieur est décoré par quatre ovales, qui contiennent les portraits coloriés des personnages suivants : Louis XIV ; le jeune Louis XV ; la princesse de Bavière, dauphine de France; le marquis de Louvois.

Ces médaillons sont séparés par des figures de captifs assis sur des monceaux d'armes, et contre des trophées composés d'enseignes et de drapeaux.

Diamètre, 9 pouces.

768. Émail sur cuivre. — Portrait vu de face du feu duc de Leuchtenberg, vêtu du costume de colonel des chasseurs à cheval de l'ex-garde impériale.

Ce portrait a été peint par M. Constantin, d'après M. Saint.

Forme ovale.—H. 1 pouce et demi.

769. Statuette en or émaillé, ouvrage de Benvenuto Cellini.

La Mort debout, et tenant une faulx ; sous sa base, qui forme cachet, est gravé un sablier, entouré de l'inscription suivante : ATENT LEVRE (attends l'heure). *

H. 13 lignes.

## MONNOIES ET MÉDAILLES.

770. AV. — Monnoie frappé au coin de la république de Florence.— Un *petit-royal*, frappé sous Philippe-le-Bel. — Un *mouton*, du roi Jean. — Un franc, *à cheval*, du même roi. — Un écu de Charles V. — Un écu à la *couronne*, de Charles VII. —Un franc, du même roi. — Un *salut* de Henri VI, roi d'Angleterre, frappé pendant son séjour en France. — Écu de Jean, duc de Bourgogne. — Deux écus frappés aux armes de la même maison. — Un *royal*. — Double ducat de Louis XII, frappé à Ast, dans le Milanais. — Écu du même roi.

771. AE. — Deux cent neuf médailles, dont les plus remarquables sont frappées en l'honneur des souverains dont les noms suivent :

Mahomet II, sultan, par Guidizani.* — Sigismond I, roi de Pologne. — Henri VIII, roi d'Angleterre.* — Charles V, empereur. — François I, roi de France. — Marie, reine d'Angleterre.* — Henri II, roi de France. — Catherine de Médicis. — Philippe II, roi d'Espagne. — François II, roi de France. — Charles IX, *idem*. — Henri III, *idem*. — Rodolphe II, empereur. — Christien IV, roi de Dannemarck. — Henri IV, roi de France. — Marie de Médicis, par Dupré. — Philippe III, roi d'Espagne. — Gustave-Adolphe, roi de Suède. — Louis XIII, roi de France. — Anne d'Autriche. — Louis XIV, roi de France. — Christine, reine de Suède (cette médaille en argent). — Michel, roi de Pologne. — Jean Sobieski, *idem*. — Charles II, roi d'Angleterre. — Jacques II, *idem*. — Guillaume III, *idem*. — Charles II, roi d'Espagne. — Philippe V, *idem*. — Frédéric II, roi de Prusse.

772. Cent cinquante-quatre médailles de bronze, formant la suite métallique de Louis XIV.

773. Cent quarante et une médailles de bronze, de tout modules, composant la suite métallique de Louis XV.

774. Cinquante-cinq médailles en bronze et de tous modules, frappées sous le règne de Louis XVI.

775. Cinq cent huit médailles, dont vingt-deux en argent, trois en plomb et les autres en bronze.

Ces médailles, la plupart de très beau coin, appartiennent à une suite incomplète de l'histoire métallique des papes.

776. Trois cent vingt-deux médailles en bronze, parmi lesquelles on distingue particulièrement les portraits des personnages dont les noms suivent :

George d'Amboise. — Galéas Visconti. — Alphonse III, duc de Ferrare. — Lucrèce d'Est. — Isabelle de Gonzague. — André Doria. — Le sire de Croy, duc Darschot. — Le duc d'Espernon. — Diane de Poitiers. — Le cardinal de Bourbon. — Saint Charles Borromée. — Le maréchal de Bassompierre. — L'amiral Ruiter. — L'amiral Tromp. — Le duc de Guise. — Le duc de Joyeuse. — Le duc de Bellegarde. — Le Connétable Anne de Montmorenci. — Pierre Strozzi. — Raoul de Rostaing. — Le duc d'Albe. Le connétable de Lesdiguières. — Barnewelt. — Le chancelier de l'Hôpital. — Le chancelier de Bellièvre. — Le cardinal Porto-Carrero. — Hippolyte de Gongague. — Le chancelier Boucherat. — Le prince Frédéric de Nassau. —

Le cardinal d'Estouville.—Ferdinand d'Avalos. — Le prince Maurice de Nassau. — Le duc Ernest de Brunswick. — Le grand Condé et le cardinal de Richelieu, par Warin. — Le cardinal Mazarin. — Le duc de Montmouth. — La duchesse de Fontanges. — Le prince Ignace Biscari, etc.

777. Trente-sept médailles en bronze, représentant les personnages ci-après :

Rabelais. — Mélancthon. — Érasme. — Le cardinal Bembo.—Léonard de Vinci.—Michel-Ange.—Jean Hus.—Boccace.—Marguerite de Navarre. — Molinos. — Fontana.—Calvin. — Malherbe.—Grotius.—Descartes.—Le Cavalier Bernin.—Quinault.—Le P. Rapin.—Scaron. — François Sarazin. — Arnaud d'Andilly. — Félibien. — Jurieu. — Nicole.— Mansart.— Perrault. — Santeul. — Lamotte. — Carle Maratte. — Dumoulinet. — Campra. — J.-B. Rousseau. — Destouches. — Élisabeth de Laguerre. —Sulzer. — Lavoisier.

778. Bronze.—Trois médailles gravées par Pisani. Parmi elles, se trouve celle du roi Alphonse.*

779. Mille quarante médailles, frappées dans divers lieux et à des époques différentes. Parmi elles se trouvent de beaux portraits d'un grand nombre de princes et de personnages célèbres,

depuis le quinzième siècle jusqu'au dix-huitième. On y remarque particulièrement des suites curieuses qui appartiennent aux familles de Saxe, de Bavière, de Nassau, etc.

780. Argent.—Une médaille représentant Henri Othon, duc de Bavière, tourné à gauche. R.— Les armes de ce prince : *cum tempore. Anno* 1556.

Cette belle médaille a servi à faire reconnaître le portrait du même électeur, décrit ci-dessus, sous le n° 701.*

781. Bronze. — Quatre-vingt-dix-sept médailles frappées en l'honneur de Napoléon.

Ces médailles, qui sont toutes à fleur de coins, se trouvent réunies dans trois boîtes en maroquin, ornées des armes de l'Empire.

782. Bronze.—Vingt autres médailles frappées en l'honneur du même personnage, et qui diffèrent toutes de celles précédemment décrites.

783. Argent.—Cent trente médailles qui rappèlent la plupart des événements les plus mémorables arrivés sous le gouvernement de Napoléon.

Cette collection, qui n'offre point une suite complète des médailles frappées à Paris pendant l'administration de M. Denon, renferme cependant une partie des pièces les plus estimées, et toutes les épreuves en sont d'une beauté remarquable.

784. Une boîte en maroquin rouge, contenant les médailles nommées les *quatre Princesses*, épreuves précieuses frappées sur les trois métaux, qui sont toutes à fleur de coins.

785. Argent.—Une médaille de très petit module, et qui a été frappée en mémoire de la mort de Napoléon.

Cette médaille est garnie d'une bélière, et son pourtour est émaillé en noir.

786. Plomb. — Dix clichés qui représentent en général des personnages connus.

## BOITES. — MÉDAILLONS, BAGUES, etc.

787. Boîte en écaille noire, doublée en or; son couvercle, ciselé et émaillé, est orné d'un camée de forme ovale, en onyx baigné, représentant Vénus couchée sur une draperie.

Cette boîte a été montée par MM. Nitot.

Longueur, 3 pouces 3 lignes.

788. Boîte ronde, en écaille noire.

Son couvercle est orné d'un portrait en miniature, représentant la tête de Henri IV, vue de profil, et peinte par Halle.

Ce portrait est contenu dans un ovale en or ciselé.

Diamètre, 1 pouce 9 lignes.

789. Boîte ronde, en écaille noire.

Sur son couvercle est placé le portrait d'un homme cuirassé, miniature assez bien exécutée, et contenue dans un encadrement ovale en or ciselé.

Diamètre, 2 pouces.

790. Boîte de forme rectangulaire, en or émaillé et ciselé.

Le couvercle est enrichi d'une miniature représentant M. le comte de Saint-Leu, peint par M. Saint.

Longueur, 3 pouces 1 ligne.

791. Boîte en or, avec filets émaillés : forme ovale, coupée à ses extrémités.

Son couvercle est décoré d'un très beau portrait de forme ronde, représentant madame Murat, peint en émail et avec une rare perfection, par M. Augustin.

Largeur, 2 pouces 11 lignes.

792. Boîte en or, de forme longue, à pans coupés, et revêtue sur toutes ses faces des sujets suivants, exécutés en mosaïque par Raphaelli :

Couvercle : un ours blanc, s'apprêtant à manger une pomme tombée d'un arbre, est attaqué par un chien. — Dessous : deux cerfs, dételés d'un petit char, et dont l'un broute l'herbe. — Côtés : masques et arabesques.

Largeur, 3 pouces 2 lignes.

793. Sardonix à deux couches, et de forme ovale : camée monté en médaillon d'or.

Tête d'Hercule barbu, vue de profil, et tournée à gauche.

Travail du seizième siècle.

H. 17 lignes.

794. Chalcédoine-onix de forme ovale : camée monté en médaillon d'or.

Tête d'un guerrier barbu et casqué, vu de profil, et tourné à gauche.

Travail du seizième siècle.

H. 2 pouces et demi.

795. Turquoise montée en médaillon d'or : camée.

Un buste cuirassé, et la tête couverte de la peau d'un lion.

H. 11 lignes.

796. Coquille de forme ovale : camée monté en médaillon d'or.

Un grand-prêtre juif, debout, revêtu des habits pontificaux, et tenant un encensoir.

H. 20 lignes.

797. Sardonix orientale à trois couches : camée de forme ovale, monté en médaillon d'or.

BOÎTES, MÉDAILLONS, BAGUES, etc. 183

César repoussant la tête de Pompée. Cet ouvrage appartient au seizième siècle. [1]

Largeur, 1 pouces et demi.

798. Coquille : camée de forme ovale, monté en médaillon d'or.

Marche triomphale d'un empereur romain. Ouvrage du seizième siècle.

Largeur, 1 pouce et demi.

799. Miniature ovale, entourée d'un cercle en or.

Portrait de Joachim Murat, en grand costume de prince français.

H. 2 pouces 10 lignes.

800. Pâte de verre, montée en médaillon d'or.

Portrait de feu M. le comte de Sommariva, moulé sur une intaille exécutée par M. ***.

H. 14 lignes.

801. Un gros anneau d'or, orné de cinq mamelons filigranés et émaillés ; son chaton est chargé d'une forme pyramidale, qui se lève, et laisse à découvert une place vide, destinée à enfermer une relique. Sur la face intérieure de cet anneau, est gravée une inscription en lettres hébraïques.

Diamètre, 18 lignes.

802. Un gros anneau en argent : sur son chaton, sont gravés en creux trois lettres gothiques.

Diamètre, 7 lignes.

[1] Le fond, qui a été fracturé, est restauré en or.

803. Bague en or, ornée d'une miniature représentant Frédéric-le-Grand.

H. 10 lignes.

804. Bague en or : son chaton contient un morceau de succin renfermant un insecte.

H. 6 lignes.

805. Jaspe sanguin. — Partie supérieure d'un manche de poignard.

Sur l'une de ses faces est gravé un très beau masque satyrique qui supporte des têtes d'oiseaux chimériques; sur l'autre face sont figurés les chevaux du soleil, et au-dessous d'eux, un guerrier monté sur un cheval fougueux; le haut et les côtés du même objet sont couverts d'ornements exécutés en creux, et qui paraissent avoir été remplis autrefois de filets d'or.

H. 2 pouces.

806. Améthyste-onix. — Camée représentant une tête de femme tournée à gauche, et vue de deux tiers.

H. 9 lignes.

807. Or. — Une clef de montre de forme globuleuse : sur trois de ses faces sont placées des petites médailles en cuivre, frappées en l'honneur de madame la comtesse de Saint-Leu.

H. 9 lignes.

801. Une chaîne, composée de petites perles en

BOÎTES, MÉDAILLONS, BAGUES, etc. 185

bois : à cette chaîne est suspendue un bijou de forme ovale, travaillé à jour, et orné de quelques améthystes.

H. 6 lignes.

808. Un caillou d'Égypte, de forme ronde : pierre figurée, dont les deux faces opposées représentent naturellement, avec leurs couleurs, deux têtes de vieillards, vues de profil, et couvertes de chaperons.

Diamètre, 1 pouce 6 lignes.

809. Jaspe varié.—Une espèce de *Canope*, montée en épingle d'or.

H. 10 lignes.

810. Corail. — Une main garnie d'une bélière, et qui fait un geste lascif.

Longueur, 1 pouce 10 lignes.

811. Jaspe sanguin. — Une petite coupe triangulaire, arrondie sur ses angles, et portée sur un pied en même matière.

H. 1 pouce 11 lignes.—Diamètre, 2 pouces.

812. Jaspe sanguin. — Un petit plateau de forme ronde, porté sur un pied en même matière, et monté en or.

H. 1 pouce 10 lignes.—Diamètre, 2 pouces.

813. Cristal de roche.—Une belle coupe, forme

d'une espèce de coquille, et décorée extérieurement de pampres gravés en creux.

H. 2 pouces.—Diamètre, 5 pouces.

814. Cristal de roche. — Trois verres de forme ronde prismatique.

Hauteur moyenne, 2 pouces 4 lignes.

815. *Idem.* — Quatre autres verres, de même forme, et plus petits que les précédents.

Hauteur moyenne, 1 pouce 10 lignes.

816. *Idem.*—Quatre flacons de forme ronde prismatique; l'un d'eux, garni de son bouchon en argent doré.

Hauteur moyenne, 2 pouces 3 lignes.

817. *Idem.* — Une espèce de tasse, de forme ronde prismatique, placée sur une soucoupe gravée, et dont les bords sont découpés.

Hauteur totale : 2 pouces 3 lignes.—Diamètre de la soucoupe, 4 pouces 5 lignes.

818. *Idem.*—Une boîte ovale, fermant avec une charnière en or : cette boîte est gravée sur toutes les faces.

H. 1 pouce.—Longueur, 2 pouces 8 lignes.

819. *Idem.* — Une coupe, forme de tasse.

H. 2 pouces.—Diamètre, 2 pouces 5 lignes.

820. Succin. — Une coupe de forme ovale, et garnie d'une anse.

H. 1 pouce 3 lignes.—Largeur, 3 pouces 1 ligne.

821. *Idem.* — Une petite boîte ovale, ornée de quelques sculptures, et garnie d'un couvercle.

H. 1 pouce 2 lignes.—Largeur, 2 pouces 9 lignes.

822. *Idem.*—Un vase de forme ronde, garni d'un couvercle, et orné de côtes sur son pourtour.

H. 2 pouces 1 ligne. — Diamètre, 10 lignes.

823. Jaspe de Sicile.—Deux coupes de forme ronde prismatique, sur cippe en bleu turquin.

Hauteur des coupes, 1 pouce 9 lignes.

824. Jaspe rubanné. — Une coupe ovale, sur socle en brocatelle.

Largeur, 3 pouces 3 lignes.

825. Poudding.—Une coupe ovale, dont les côtés sont rabattus.

Largeur, 4 pouces 10 lignes.

826. *Idem.*—Un coffret élevé sur quatre pieds, et monté en cuivre doré.

Socle en brèche de Sicile.

H. 2 pouces 9 lignes.—Largeur, 5 pouces et demi.

827. Épingle en bronze, montée en or.

Ce bijou est formé par la figure d'un diable assis, tenant un bident, et paraissant livré à la réflexion; ses yeux sont incrustés de deux petits rubis; ses cornes, sa queue, ses pieds et son bident, sont en or.

H. 14 lignes.

## MEUBLES.—COLONNES.—VASES, etc.

828. Ébène.—Une table de forme rectangulaire, portée sur quatre pieds.

Cette table est garnie d'un tiroir, et son dessus offre une très belle marquetterie, formée d'ornements en lapis, cornaline, agate et burgau. Au centre, et autour d'un grand carré en lapis-lazuli, sont placés quatre médaillons en miniature et entourés d'or, représentant les personnages suivants : François Ier, Diane de Poitiers, Charles-Quint, Henri II [1].

Ce meuble curieux, et dont l'exécution est très soignée, appartient au seizième siècle.

H. 28 pouces et demi. — Largeur.

829. Une belle commode, par Boule : première et seconde parties, mêlées ensemble.

Le devant de ce meuble est garni de cinq tiroirs, ornés de mains et de mascarons en cuivre ciselé et doré; le dessus et les autres faces sont couverts de rinceaux en cuivre, en écaille, et de fleurons coloriés.

Ce meuble est monté en cuivre ciselé et doré.

H. 34 pouces. — Largeur, 2 pieds.

[1] Ces miniatures ont été placées par M. Denon, qui voulait y joindre les portraits des quatre premiers artistes de la même époque.

MEUBLES, COLONNES, VASES, etc. 189

330. Deux espèces de médaillers, par Boule, chargés d'arabesques en écaille et en étain.

Les deux côtés de ces meubles sont garnis de quatre tiroirs : quatre autres objets du même genre sont masqués par les ventaux, qui sont ornés de vases remplis de fleurs, et au-dessus desquels sont placés les médaillons de Henri IV et de Sully.

Monture en cuivre, ciselé et doré.

H. 15 pouces et demi. — Largeur, 29 pouces.

831. Un médailler, exécuté par Boule : première partie.

Ce petit meuble ferme à un seul battant, et trois de ses côtés sont décorés de rinceaux et d'autres enroulements. Monture en cuivre ciselé et doré.

H. 15 pouces et demi. — Largeur, 1 pied et demi.

832. Un lit en acajou, et de forme antique, porté sur quatre pattes de lions.

Ce meuble est enrichi, sur trois faces, par les figures suivantes, exécutées en argent, et formant des bas-reliefs incrustés dans le bois. — Côté gauche du dossier : figure d'Isis, agenouillée et vue de profil, placée au-dessus d'un hémicycle dentelé. — Devant : treize figures à demi agenouillées, dirigées vers la gauche, et qui lèvent toutes l'un des bras. — Côté des pieds : les angles en sont formés par des espèces d'*uræus* à têtes de lions; ces animaux symboliques sont parfaitement sculptés en acajou, et quelques-uns de leurs principaux détails sont en argent.

Les traverses de l'avant et de l'arrière sont également enrichies de dix figures en argent, semblables à celles qui ont été précédemment décrites.

Ce lit, dont toutes les parties sont très soigneusement exécutées, repose sur un large socle en bois d'acajou; ses parties en bois ont été travaillées, sur les dessins de M. Denon, par M. Jacob Desmalter, fabricant rempli de goût, et dont le nom seul est un éloge.

Hauteur prise au dossier, et au-dessus du socle : 3 pieds et demi. — Longueur, 6 pieds. — Largeur, 4 pieds 2 p.

833. Deux fauteuils en bois d'acajou, incrustés d'argent, copiés d'après les formes d'objets du même genre, dessinés à Thèbes par M. Denon[1].

Les côtés de ces fauteuils sont formés par des lions debouts, qui soutiennent sur leurs queues des bandes couvertes de cartouches et d'autres signes symboliques.

Ces fauteuils, aussi richement décorés que le lit précédent, ont été également exécutés par M. Jacob Desmalter.

H. 35 pouces 9 lignes. — Largeur, 23 pouces.

[1] *Voyage en Égypte*, tome II, pl. 126, n° 9.

834. Une table de nuit en acajou : forme de *naos* monolithe égyptien.

Cet objet, qui est très bien travaillé, peut aussi servir de piédestal pour un buste ou une petite statue.

H. 2 pieds 5 pouces.

835. Un médailler en acajou : forme de *naos* monolithe égyptien.

Ce médailler est garni, de chaque côté, de vingt-deux tiroirs masqués par une porte recouvrante; ses trois faces sont richement décorées d'emblèmes égyptiens, incrustés en argent. Socle en marbre veiné.

Hauteur, 2 pieds 9 pouces.

836. Une table ronde, formée par la réunion de grands morceaux de lapis-lazuli.

Cette table, ou guéridon, est supportée par trois pieds en bois sculpté, bronzé et doré.

H. 35 pouces 3 lignes.—Diamètre, 22 pouces 4 lignes.

837. Un guéridon contenant les échantillons de tous les jaspes qui se trouvent en Sicile : bordure en pierre arborisée de Florence.

La monture de cette table est en bronze doré, et copiée d'après celle d'un trépied antique; le tout repose sur une base triangulaire en bronze vert. Le trépied sur lequel a été moulée cette monture, appartient aujourd'hui au Museum royal de France.

H. 28 pouces 7 lignes.—Diamètre, 25 pouces.

838. Deux tables de forme ronde, en granit rose oriental, élevées sur une monture circulaire, et découpée du bas, en bois d'acajou, avec filets et pieds en ébène.

Ces tables sont imitées d'après celles en usage chez les peuples de l'Orient.

H. 18 pouces. — Diamètre, 22 pouces.

839. Deux consoles de forme rectangulaire, en marbre vert antique, montées sur des pieds en bois bronzé et doré.

H. 38 pouces et demi. — Largeur, 50 pouces.

840. Une console de forme rectangulaire, en marbre jaune de Sienne, avec pieds en acajou montés en bronze doré.

H. 30 pouces. — Largeur, 46 pouces.

841. Deux consoles en granitelle vert oriental, et de forme rectangulaire.

Monture en bois sculpté, bronzé et doré.

H. 39 pouces. — Largeur, 41 pouces et demi. — Épaisseur, 17 lignes.

842. Une table de forme rectangulaire, portée sur quatre pieds en acajou; son dessus est orné d'une collection d'échantillons de laves du Vésuve, taillées en lozange, et séparées par des filets de jaune antique.

H. 27 pouces et demi. — Largeur, 34 pouces.

843. Deux beaux dessus de guéridons, formés également avec des échantillons de lave du Vésuve.

Diamètre moyen, 16 pouces.

844. Un guéridon en marbre blanc veiné, avec galerie en cuivre doré.

Cette table repose sur un pied en acajou, orné de filets en cuivre.

H. 28 pouces. — Diamètre, 35 pouces.

845. Une console de forme rectangulaire, en marbre de Saint-Amour; sa monture, qui est en acajou, est ornée de deux pieds en bois bronzé, surmontés de têtes de sphinx.

H. 37 pouces. — Largeur, 45 pouces.

846. Un guéridon en pierre peinte, imitant la malachite: son pourtour est décoré de méandres jaunes sur fond bleu.

Ce meuble est porté sur trois pieds, en bois sculpté et doré.

H. 35 pouces. — Diamètre, 35 pouces.

847. Une console de forme rectangulaire, en marbre de Sainte-Anne, avec monture en bois sculpté, bronzé et doré.

H. 83 pouces et demi. — Largeur, 59 pouces et demi.

848. Porphyre rouge oriental. — Deux vases, forme, dite, de Médicis, sur socles et carrés en matière semblable.

H. 11 pouces 9 lignes.

849. **Porphyre rouge de Suède.**—Deux vases de forme ovale, garnis de couvercles et de socles en même matière.

H. 13 pouces.

850. **Brèche de Sicile.** — Deux colonnes doriques, avec tores et chapiteaux en brocatelle.

Socles en grand antique.

H. 2 pieds 7 pouces.

851. **Marbre noir veiné.**—Deux colonnes doriques, portant des tores et des chapiteaux en jaune antique.

Socle en marbre blanc.

H. 2 pieds 6 pouces et demi.

852. **Jaspe rubané.** — Deux cippes, avec tores et socles en bronze doré.

Carré inférieur en albâtre oriental.

H. 5 pouces 9 lignes.

853. **Brèche d'Afrique.**—Un cippe, avec tore en jaune antique.

H. 8 pouces et demi.

854. **Serpentin vert oriental.**—Deux cippes, avec tores en jaune antique, et socles en serpentin des Vosges.

H. 14 pouces 2 lignes.

855. **Brèche d'Afriqne.** — Deux vases, forme de

*diota*, soutenus par des piédouches pris dans la même masse.

Socles en marbre veiné.

H. 1 pied 7 pouces 7 lignes.

856. Rouge antique.—Deux vases de forme ovale, sur tores en même matière.

Cippes en albâtre, et socles en rouge antique.

H. 9 pouces 3 lignes.

857. Albâtre de Montmartre.— Une coupe, placée sur une monture de trépied en bronze ciselé et doré.

H. 9 pouces. — Diamètre, 7 pouces et demi.

858. Granit gris oriental — Une belle coupe, élevée sur un piédouche.

Socle de forme ronde, en granit de l'île d'Elbe, orné de mufles de lions en même matière.

H. 17 pouces 2 lignes.—Diamètre, 17 pouces.

859. Grès. — Une petite coupe, prise dans un fragment scié sur l'épaisseur du zodiaque circulaire de Denderah.

Diamètre, 4 pouces 1 ligne.

860. Une petite pendule de Bréguet; elle est supportée par un enfant à demi agenouillé, jolie figure en bronze, ciselée avec beaucoup de soin, et très fortement dorée en or de ducat.

Ce modèle charmant, fondu sur une terre modelée par feu M. Van-Vaeyenberg, n'a été répété que cinq fois seulement.

H. 17 pouces.

861. Une pendule, par Bréguet : elle est décorée de la figure d'Uranie, indiquant les heures sur un globe émaillé en bleu, et soutenu par un socle en brocatelle.

Le modèle de cette figure qui est en porcelaine de Sèvres, est dû au talent de M. Taunay le jeune. — Grand socle inférieur en Portor.

H. 2 pieds 9 pouces. — Largeur, 22 pouces.

862. Cipolin. — Deux piédestaux cannelés et très élevés, destinés à supporter de grandes coupes.

Ces espèces de piédouches nous paraissent être imitées d'après un objet du même genre, qui décore la maison de M. le sénateur Quirini, à l'Altichiero, près de Padoue.

H. 1 pied 7 pouces et demi.

863. Serpentin vert oriental. — Deux piédestaux de forme ronde, avec monture supérieure et inférieure en cuivre doré.

Socles en même matière que les cippes.

H. 9 pouces 3 lignes. — Diamètre, 8 pouces 10 lignes.

864. Granitelle noir et blanc. — Un socle carré, orné sur quatre faces par des arabesques en cuivre découpé, ciselé et doré.

Ce socle est porté sur quatre boules aplaties, en cuivre doré.

H. 5 pouces 2 lignes. — Largeur, 1 pied et demi.

865. Brèche verdâtre de Cosseir. — Deux piédestaux de forme carrée; tores en bronze ciselé et doré; socle en serpentin vert oriental.

H. 4 pouces 9 lignes.

866. Jaspe de Suède. — Un large piédestal de forme ronde, avec tores en bronze ciselé et doré. Socle en marbre rouge.

H. 4 pouces 4 lignes.

867. Deux piédestaux de forme carrée, montés en bronze doré; l'un d'eux est en marbre *cervelas*, et le second en africain-rose.

H. 5 pouces 10 lignes.

868. Plusieurs autres cippes, piédestaux, socles, etc., en matières diverses.

## OUVRAGES ORIENTAUX.

### OBJETS ARABES ET PERSANS.

869. Stuc.—Fragment de revêtement, détaché du palais des rois maures, à Grenade.

Sur ce morceau est un groupe de caractères coufiques, modelé en bas-relief, et reposant sur un fond d'arabesques légèrement relevés et coloriés.

H. 7 pouces. — L. 7 pouces.

870. Jade. — Une plaque de forme à peu près ovale, couverte sur ses deux faces d'ornements gravés en creux : l'un des côtés porte une inscription persane.

Largeur, 3 pouces 9 lignes.

871. Une longue bande de papier, partagée en compartiments, et qui contient les noms et les surnoms donnés à Dieu par les Musulmans.

Ces diverses inscriptions arabes forment plusieurs sections, la plupart sur fond doré et les autres sur fond d'azur [1].

Ce talisman *préservatif* a été trouvé par M. Denon sur le champ de bataille, à la suite du combat d'Héliopolis.

H. 2 pouces et demi.—Largeur, 9 pieds 3 pouces.

872. Une bande de papier, sur lequel est une inscription en caractères arabes et en langue persane : elle contient le nom d'un anglais nommé *Brenfel*, ainsi que quelques Odes du célèbre poète Hâfiz.

H. 16 pouces 3 lignes. — L. 3 pouces. 6 lignes.

---

[1] Le nom de Dieu est écrit en grandes lettres, formées par la réunion d'une multitude de petits caractères qui composent les suites de qualifications dont on vient de parler. Nous devons l'interprétation de cette inscription, et de celle qui suit, à M. Reynaud, jeune et savant orientaliste, attaché au Cabinet des manuscrits de la Bibliothèque du Roi.

873. Buis incrusté d'or et de bois divers.—Une serrure d'un mécanisme fort simple, et de travail arabe. Cette serrure fermait l'entrée de la maison que M. Denon occupait au Caire.*

H. 7 pouces et demi.— L. 3 pouces 9 lignes.

874. Argent.—Une aiguière et son bassin, chargés l'un et l'autre d'ornements repoussés; la gravure de ce vase a été donnée par M. Denon [1].

H. 16 pouces et demi.—Larg. du bassin, 13 pouces et demi.

875. Une petite table orientale, de fabrique arabe. Ce meuble est soutenu par dix pieds, séparés par des espèces d'arceaux de forme *saracénique;* ses diverses parties sont ornées d'incrustations en écaille, en nacre et en ivoire.

H. 14 pouces 8 lignes. — Diamètre, 16 pouces 9 lignes.

876. Une *main* à relever la poussière, en bois d'acajou : cet objet est orné sur ses différentes faces de plaques en écaille et en nacre, ainsi que de filets en bois divers.

H. 2 pouces 2 lignes. — Largeur, 10 pouces 10 lignes.

877. Argent. — Deux jolies petites tasses en filigrane, de fabrique arabe.

Ces sortes de tasses contiennent celles en porcelaine dont se servent les orientaux.

[1] *Voyage en Égypte*, t. II, pl. 94, n° 18.

878. Argent.—Une autre tasse arabe, en filigrane. M. Denon en a donné la gravure [1].

879. Poignard de Mamlouck. — Le manche est en ivoire, avec ornements dorés; le fourreau est en peau de chien de mer, avec monture en argent.
H. 14 pouces.

880. Poignard arabe. — Sa lame, qui est damasquinée, porte une inscription en lettres d'or: le fourreau de cette arme est argenté.
H. 18 pouces.

881. Poignard en forme de boutoir.—Cette arme est dépourvue de son manche; son fourreau est en cuivre, chargé d'ornements repoussés et argentés.
H. 10 pouces.

882. Poignard en forme de boutoir. — Poignée en ébène et cuivre; fourreau en cuir frappé, cerclé de cuivre.

Ce poignard est suspendu à un cordon tordu, en cuir, auquel sont attachées des plaques en même matière.
H. 11 pouces et demi.

883. Un fer de lance, dont la pointe et la *hampe* sont damasquinés.
H. 14 pouces.

[1] *Voyage en Égypte*, т. II, pl. 94, n° 17.

884. Une belle hache d'armes, dont le fer est damasquiné; son manche, qui est en bois, est recouvert en partie par une lame d'argent doré.

H. 1 pied 7 pouces.

885. Un sabre de Mamlouck, portant une poignée en corne, et contenu dans un fourreau plaqué en argent repoussé.

Longueur, 2 pieds 11 pouces.

886. Une corne d'amorce en peau de chien de mer, avec fermeture en bois et en ivoire.

H. 7 pouces et demi.

887. Une fonte de pistolets en cuir frappé, avec broderies en or et en soie.

H. 13 pouces.

888. Une ceinture en cuir, couverte de fleurs et d'ornements, dont les contours sont arrêtés par des cloux en fer.

H. 6 pouces. — Largeur, 2 pieds 10 pouces.

889. Une lampe d'habitacle, montée à *roulis* et à *tangage;* elle est contenue dans une boule en cuivre, percée à jour, et damasquinée en or et en argent.

Diamètre, 4 pouces et demi.

890. Deux écritoires, l'une en cuivre, et l'autre en bois incrusté d'ivoire.

Longueur, 8 pouces et demi.

891. Une *trousse*, contenant deux rasoirs ; cet objet est en cuir, revêtu de plaques en lapis et de morceaux sculptés en corail, se détachant sur un fond brodé en or.

Les manches de ces rasoirs sont ornés de petites émeraudes, de lapis et de corail.

Cette *trousse* a été trouvée sur le champ de bataille d'Héliopolis.

H. 8 pouces et demi.

892. Partie inférieure d'une pipe persane, servant à fumer le *narguilé*.

Cet objet est en bronze, incrusté de lames d'argent.

H. 6 pouces et demi.

## OUVRAGES HINDOUS.

#### SCULPTURES ET ARMES.

893. Ivoire. — Un flacon de forme longue, garni de quatre bélières, s'ouvrant en deux endroits différents, et présentant des ouvertures de largeur inégale.

Le devant et l'arrière de cet objet sont chargés de bas-reliefs représentant des figures posées ou enlacées les unes sur les autres ; les côtés en sont ornés par des arabesques qui sont également d'une très belle exécution.

H. 6 pouces.

894. *Idem.* — Un peigne à double fin : sur ses deux côtés est figurée une femme allaitant un enfant. Cet ouvrage colorié et détaché à jour, est contenu dans une espèce de cadre formé en partie par des ornements découpés.*

H. 4 pouces 10 lignes.

895. *Idem.*—Un vase de forme ronde, orné de bandes et de filets sculptés ; l'anse de son couvercle est formé par un animal chimérique, dont le dos supporte deux têtes opposées d'animaux.

H. 7 pouces.

896. *Idem.* — Deux tubes : sur leur pourtour sont sculptés des grillages à jour, des masques humains et des animaux chimériques.

H. 2 pouces 9 lignes.—Largeur, 3 pouces.

897. Corne de rhinocéros. — Une base bombée et de forme ovale, supportant une figure dont la tête et les jambes sont doubles, et qui porte trois bras. Ce personnage symbolique est placé debout sur un tabouret travaillé à jour et posé sur quatre pieds.

Sur le pourtour de la base, sont sculptées en bas-reliefs très peu saillants et très finement exécutés, quelques divinités, parmi lesquelles on distingue *Poulear* (le dieu des obstacles), et diverses incarnations de *Vichnou.* *

H. 5 pouces.—Largeur, 3 pouces.

898. Bronze.—Statuette : une déesse debout et mitrée, portant quatre bras, dont deux tiennent des objets qui nous sont inconnus, et appuyée sur une espèce de masse d'armes [1].

Cette figure, dont le travail est d'une délicatesse surprenante, est vêtue à mi-corps; sa poitrine et ses bras sont décorés de filets, de colliers et de bracelets; sa mitre est en perles; le socle sur lequel elle repose est enrichi d'ornements parfaitement ciselés. *

H. 11 pouces 11 lignes.

899. Bronze. — Statuette : une déesse mitrée, portant quatre bras, dont deux tiennent des attributs qui nous sont inconnus.

H. 19 lignes.

900. Bronze. — Statuette : une figure humaine accroupie et à tête de lion. Cette divinité, qui est mitrée, tient à la main un objet qui nous est inconnu.

H. 2 pouces 3 lignes.

901. Bronze.—Statuette : *Poulear*, portant quatre bras, monté sur un petit quadrupède, et tenant deux objets qui nous sont inconnus.

H. 3 pouces 3 lignes.

[1] Les divinités indiennes que nous décrivons sont presque toutes gravées dans le bel ouvrage publié par M. Edward Moor, et qui est intitulé *The Hindu Pantheon*. Londres, 1810, 1 vol.

902. Bronze. — Statuette : *Lakshmi-Narayan* à quatre bras et mitrée, tenant un enfant également mitré sur ses genoux.
Diamètre, 2 pouces 3 lignes.

903. Bronze. — Un portique richement décoré, et qui contient la figure d'une femme couchée, posée sur deux fleurs de nénuphar, et qui supporte également deux figures debout, et dont les mains sont jointes; sous le cintre du portique, est placée une divinité dont le nom nous est inconnu.
H. 5 pouces.

904. Bronze. — Statuette : une déesse à huit bras, posant le pied gauche sur un quadrupède, et tenant par la tête un personnage qu'elle contient avec une espèce de sceptre; sur le terrain est placée la tête d'une vache ou d'un taureau.
H. 7 pouces 9 lignes.

905. Bronze. — Statuette : *Bala-Krishna* s'appuyant sur la terre avec une main.
Longueur,

906. Bronze. — Statuette : figure agenouillée dont le mouvement est à peu près semblable, et dont la tête porte une espèce de *modius*. *
Longueur, 3 pouces et demi.

907. Bronze. — Statuette : une femme debout,

à demi vêtue, tenant devant elle une coupe de forme à peu près ovale.

H. 8 pouces 3 lignes.

908. Cuivre. — Sept serpents dressés, et accolés l'un à côté de l'autre, servant de fond à une figure de femme dont les mains sont jointes; près de cette dernière, et entre des queues de serpents, sont représentés des boutons de nénuphar.

Cet objet est placé sur une tige en même métal.

H. 5 pouces.

909. Bronze.—Une fleur de nénuphar, dont la corolle contient un double rang de pétales, et qui s'ouvre et se ferme à volonté.

Cet objet est élevé sur un pied, qui pose sur une tortue de forme chimérique.

H. 5 pouces et demi.

910. Bronze.—Un vase à parfums, supporté par un éléphant couvert d'une housse, et dont le harnais est orné de pâtes imitant l'émeraude.

H. 7 pouces 7 lignes.

911. Bronze. — Vase de forme ronde : sur son pourtour, sont quatorze divinités, figurées en bas-relief, et qui sont séparées par trois masques humains, vus de face.

Le bord de ce vase supporte quatre vaches.

accroupies, ainsi que quatre formes qui nous sont inconnues. *

H. 3 pouces 7 lignes.—Diamètre, 4 pouces 5 lignes.

912. Bronze.—Une petite vache, couverte d'une housse et ornée de colliers de perles : cet animal, qui est sellé, porte sur le dos une espèce de table hexagone, entourée d'une galerie travaillée à jour.

H. 5 pouces 3 lignes.

913. Cuivre jaune.—Deux coupes garnies de leurs couvercles, et dont toutes les parties sont chargées d'ornements et d'entre-lacs en relief et argentés.

H. 2 pouces 4 lignes.—Diamètre, 5 pouces et demi.

914. Bronze. — Statuette : une figure juvénile debout, vêtue de long, et portant des cheveux bouclés. *

H. 7 pouces.

915. Bronze. —Statuette : *Bouddhah*, assis à l'orientale, et portant sur la tête un objet qui ressemble au *Lingam*.

H. 1 pied.

916. Cuir. — Deux boucliers de forme ronde : l'un d'eux est orné de six pomettes argentées, se détachant sur un fond noir et or; le second est couvert d'ornements peints.

Diamètre, 1 pied 3 pouces.

917. Deux poignards malais, à lames flamboyantes : ces armes portent des poignées en bois, et leurs fourreaux sont revêtus de laque rouge.

Longueur, 1 pied 9 pouces.

918. Deux autres poignards malais, à lames droites : leurs poignées sont en bois sculpté et représentent des animaux chimériques; les fourreaux sont également en bois.

Longueur, 1 pied et demi.

919. Un poignard dont le manche est en ivoire sculpté : son fourreau est recouvert d'une feuille d'argent portant des ornements repoussés.

Longueur, 1 pied 7 pouces.

**DESSINS.**

920. (Dieux, saints et faqyrs). La déesse *Mudev*, consultée par une reine; près de la première, est placé un trident. — Saint Hindou, nommé Tefhâdan. — Faqyr, d'Ahmed-Abad. — Faqyr, nommé *Khan-Pota*. — *Yoguy*, moine indien. — *Beraguy*, espèce de fakyr hindou, etc. En tout, quatorze pièces coloriées, et dont quelques-unes sont dorées.

Hauteur moyenne, 7 pouces.

921. (Rois et princes.) — Sultan-Akbar, debout, appuyé sur une épée, et tenant une fleur à la

main.—ChâhDjéhan-Ghyr, debout, appuyé sur une épée. — Couches de la femme de Châh-Djéhan. — La même reine, dans l'intérieur du harem. — Princesse, fille de Châh-Djéhan, dans son intérieur. — Aureng-Zeyb, debout, tenant une rose, et appuyé sur une canne; autour de sa tête, est tracée une auréole. Ce dessin est ancien. — Le même, accroupi sur une estrade; un serviteur lui présente un fruit, un autre tient un chasse-mouche. — Châh Sudjâh, frère d'Aureng-Zeyb, debout, la main gauche appuyée sur un Khanzzar, et la droite sur une épée.—Mourâd-Bakheche, jeune frère d'Aureng-Zeyb, un faucon sur le poing, armé d'un bouclier et d'une épée.—Une princesse, fille d'Aureng-Zeyb. — Assef-Khan, accroupi sur une terrasse. — Ibrahim III, roi de Golconde, tenant une fleur à la main droite, et la gauche appuyée sur une épée [1].—Un roi de Balkh, assis et haranguant quatre personnages. —Portrait à mi-corps d'un roi de Visapour.— Quatorze portraits, parmi lesquels se trouvent ceux de plusieurs sultans indiens.—Un sultan indien, regardant ses femmes, dont quelques-unes dansent, tandis que les autres forment un concert de voix.—Entrevue de deux sultans de l'Inde. — Deux portraits de sultans, dont

[1] Cette peinture présente un intérêt particulier, par la rareté extrême des portraits des rois du Dékhan.

l'un tient une fleur à la main. — Le radjah Djesseng, placé au-dessus de son harem, et regardant ses femmes qui sont au bain.

En tout, vingt-neuf pièces coloriées et dorées.

Hauteur moyenne, 9 pouces.

922. Deux dessins coloriés et dorés, représentant des écoles.

H. 10 pouces.

923. Cinq dessins coloriés et dorés : quatre d'entre eux représentent la chasse au tigre et à la gazelle, et le cinquième une espèce de jeu qui ressemble au *djérid* des Turcs.

H. 11 pouces et demi.

924. Douze beaux dessins coloriés et rehaussés d'or; la plupart représentent des scènes amoureuses ou des sujets qui appartiennent peut-être aux aventures romanesques de quelques héros hindous. Parmi ces scènes diverses, on distingue les compositions suivantes :

Un amant quitte sa maîtresse qui est endormie. — Une caravane livrée au sommeil, et près d'elle un homme qui déchire ses vêtements. — Un génie emportant un guerrier qui repose sur un îlot, etc.

Hauteur moyenne, 9 pouces.

925. Vingt dessins coloriés et dorés, représentant des scènes d'intérieur. Parmi ces sujets, on

distingue des femmes qui s'exercent à divers jeux. — Des scènes de harem. — Une femme lisant un livre persan. — Plusieurs marchands s'occupant des affaires de leur commerce, etc.

Hauteur moyenne.

926. Cinq dessins rehaussés d'or, représentant les costumes des femmes maures établies dans l'Inde, etc.

Hauteur moyenne, 9 pouces 1 ligne.

927. Un dessin colorié et doré *(Spintrienne)*.

H. 8 pouces 2 lignes.

928. Un dessin à l'encre de la Chine, et d'une exécution parfaite : il représente une plante dont les feuilles se terminent par des têtes d'animaux chimériques. *

H. 9 pouces et demi.

## OUVRAGES CHINOIS.

### TERRE. — PORCELAINE.

929. Terre rouge, dite Boccaro. — Une théière ornée de feuillages à jour, et dont la monture est en cuivre doré.

H. 5 pouces.

930. Terre de couleur chocolat. — Une théière, ornée d'inscriptions.

H. 5 pouces 8 lignes.

931. Terre de couleur bronzée. — Deux vases de forme ronde surbaissée, garnis de goulots élevés. Monture en cuivre doré.

H. 14 pouces et demi. —Diamètre, 9 pouces et demi.

932. Terre cuite. — Un gobelet dont la surface extérieure est chargée d'ornements tracés en creux.

H. 2 pouces 7 lignes.

933. Terre émaillée.—Statuette : un *magot* assis, et dont la tête ainsi que les bras sont mobiles.

H. 3 pouces et demi.

934. Terre émaillée. — Statuettes : un groupe, composé de deux personnages debouts, et dont l'un est appuyé sur l'autre.

H. 4 lignes.

935. Terre émaillée. — Statuettes : deux mendiants, dont l'un est accroupi, et l'autre appuyé sur un bâton.

H. 7 pouces et demi.

936. Terre émaillée.—Statuette : un mendiant à demi accroupi.

H. 4 pouces 4 lignes.

937. Terre émaillée. — Statuettes : deux mendians à demi accroupis.

H. 8 pouces.

938. Terre émaillée craquelée. — Statuette : un

homme à demi accroupi, et portant une calebasse suspendue à son côté.

Cette figure, dont la bouche est ouverte, offre une variété de forme parmi les vases destinés à contenir et à brûler des parfums.

H. 5 pouces et demi.

939. Terre émaillée. — Statuettes : deux *magots*; l'un d'eux est debout près d'une espèce de cuvier; l'autre, assis sur des rochers, tient une calebasse.

H. 7 pouces.

940. Terre émaillée. — Statuettes : deux mendians à demi accroupis, et dont l'un tient des fleurs à la main.

H. 9 pouces et demi.

941. Terre émaillée.—Statuettes : deux vieillards assis, et qui tiennent chacun une petite souris.

H. 14 pouces et demi.

942. Terre émaillée. — Statuettes : deux *magots* qui tiennent chacun une espèce d'écran.

H. 10 pouces 3 lignes.

943. Terre émaillée.—Un *magot* debout, et dont la tête est mobile. Cette figure, dont les chairs sont bien modelées, tient dans la main droite un petit écureuil.

H. 22 pouces 4 lignes.

944. Terre émaillée.—Deux troncs d'arbres : sur chacun d'eux rampe un cep de vigne couvert de raisins, qui sont dévorés par une famille entière d'écureuils blancs (probablement de *petits-gris*).

H. 14 pouces 2 lignes. — Largeur, 6 pouces 4 lignes.

945. Terre émaillée craquelée.—Un jet de vigne, émaillé en gris : son pendant est formé par l'extrémité d'une branche de coloquinte.

Ces deux objets, qui sont creux, servent de vases propres à contenir des oignons de jacinthes ou d'autres plantes bulbeuses.

Hauteur moyenne, 10 pouces.

946. Terre émaillée. — Un oiseau aquatique du genre des vanneaux, le col enfoncé dans les épaules et placé sur une masse de rochers.

Cet ouvrage, parfaitement modelé et d'un fini très remarquable, est émaillé en gris.

H. 7 pouces 10 lignes.

947. Terre émaillée.—Deux espèces de lions chimériques, debouts et la gueule béante.

Socles en cuivre ciselé et doré.

H. 11 pouces. — Largeur, 8 pouces et demi.

948. Terre émaillée.—Deux singes assis, et tenant chacun une pêche (partie et contre-partie).

H. 6 pouces.

949. Terre. — Deux belles coupes, formées chacune par la moitié d'une pêche, et dont les anses sont ornées par des bouts de branches du même arbre; dans ces coupes, sont placés des noyaux de ce fruit.

H. 3 pouces.—Largeur, 4 pouces 9 lignes.

950. Terre.—Une théière, forme de pêche, dont l'anse est formée par une branche du même arbre.

H. 5 pouces 11 lignes.—Diamètre, 5 pouces.

951. Terre.—Deux théières, forme de fruits à côtes.

H. 2 pouces 9 lignes.

952. Terre. — Deux *pot-pourri* de forme ronde : sur leurs côtés sont peints des paysages exécutés avec beaucoup de finesse. *

Monture européenne, en cuivre doré.

H. 5 pouces 7 lignes.

953. Terre.—Un vase à parfums, forme de fruit, entouré de feuillages.

Monture européenne, en cuivre doré.

H. 4 pouces 10 lignes.

954. Terre.—Trois jolies coupes et une théière.

Hauteur moyenne, 1 pouce 8 lignes.

955. Terre, dite *Boccaro*.—Théière, composée de deux fruits accolés et portés sur une même tige.

H. 2 pouces 9 lignes.—Largeur, 5 pouces et demi.

956. Terre. — Deux tasses rondes à côtes, et de forme surbaissée. Ces tasses, qui posent sur une coupe, sont accompagnées d'une petite cuiller en même terre.

H. 19 lignes.—Diamètre de la soucoupe, 4 pouces 5 lig.

957. Terre. — Deux *pot-pourri*, de forme ronde; leurs couvercles sont garnis d'anses en forme de branches; les vases présentent un ornement composé de pampres modelés en relief.

H. 7 pouces 3 lignes.—Diamètre, 7 pouces.

958. Terre. —Deux écritoires, forme de boutons de fleurs, sur tige en bronze doré.

Ces écritoires reposent sur des plateaux en porcelaine coloriée, qui supportent aussi des figures et des vases.

Monture européenne, en cuivre doré.

H. 4 pouces.

959. Terre. — Une grenade chargée de noix, de limaçons, de fèves, etc.

Cet objet, dont les détails sont imités avec beaucoup de vérité, est enrichi d'une monture européenne, en cuivre ciselé et doré.

H. 5 pouces et demi.

960. Terre.—Une théière de forme carrée, à angles arrondis: elle est garnie d'une anse élevée, et ses différentes parties sont ornées d'empreintes en creux et de branchages en relief.

H. 4 pouces 3 lignes.—Largeur, 3 pouces 11 lignes.

961. Terre brune.—Une cassolette portée sur trois pieds ornés de masques chimériques; son pourtour est embelli de méandres en relief.

H. 3 pouces 9 lignes.—Diamètre, 4 pouces.

962. Terre émaillée.—Deux vases de forme ovale, recouverts de bouquets émaillés en blanc et en bleu.

Monture européenne, en cuivre ciselé et doré.

H. 9 pouces et demi.

963. Terre émaillée. — Une fort jolie théière en terre brune, ornée d'émaux coloriés qui représentent divers paysages.

H. 8 pouces 5 lignes.

964. Terre émaillée. — Deux animaux assis, et de forme chimérique.

Ces deux figures font pendants l'une à l'autre.

H. 3 pouces et demi.

965. Terre émaillée.—Un épervier, debout sur le haut d'une roche.

H. 9 pouces.

966. Terre émaillée.—Un *magot*, levant la jambe gauche et tenant une espèce d'éventail : sur sa poitrine descend un collier, auquel sont suspendues deux gourdes, et à sa gauche est un tronc d'arbre creusé.

H. 10 pouces 3 lignes.

967. Terre peinte. — Parties inférieures de deux jambes de femme, avec chaussure en soie.

Les pieds, dont les orteils sont brisés et entièrement couchés en dessous, montrent la manière dont les Chinois mutilent leurs femmes, afin de les retenir à la maison.

H. 7 pouces 2 lignes.

968. Terre émaillée. — Deux grenouilles ou crapauds, à quatre pattes : fond brun clair, avec détails émaillés en blanc.

Longueur, 3 pouces 2 lignes.

969. Terre émaillée.—Une chimère couchée : fond brun clair, avec quelques détails émaillés en blanc.

Longueur, 2 pouces 5 lignes.

970. Terre émaillée. — Un *magot* debout : près de lui est un tronc d'arbre creux, monté en encrier.

H. 6 pouces 10 lignes.

971. Terre émaillée. — Deux vaches couchées, et sur lesquelles sont accroupis des enfants de très petite proportion.

H. 5 pouces 3 lignes.—Largeur, 9 pouces.

972. Terre émaillée. — Un enfant, à demi étendu sur une vache couchée.

H. 19 lignes.—Largeur, 2 pouces 7 lignes.

973. Terre émaillée. — Une carpe à demi dressée sur une roche. Cet objet a son pendant.
H. 9 pouces et demi.

974. Terre émaillée. —Un singe accroupi, tenant un objet qui nous est inconnu, et levant la patte droite, comme s'il cherchait à atteindre un fruit.
H. 14 pouces 3 lignes.

975. Terre émaillée.—Un aigle perché sur la cime d'un rocher.
H. 5 pouces 8 lignes.

976. Porcelaine. — Un vase formé par une carpe de couleur violette, accompagnée d'un carpeau, et dressée sur un terrain d'où s'élèvent quelques touffes de joncs.

Ce vase, dont l'émail est magnifique, est d'une parfaite conservation. *
H. 16 pouces 8 lignes.

977. Porcelaine : vert Céladon.—Un vase de forme ronde surbaissée, d'où s'élève un long goulot ; sur la panse s'enroule un lézard dont la tête offre une forme chimérique.
H. 11 pouces et demi.—Diamètre, 8 pouces et demi.

978. Porcelaine d'ancien Céladon verdâtre.—Deux vases, formant chacun deux nœuds de bambou, et portant également sur leurs couvercles un *magot* accroupi.

Leur pourtour est divisé en deux registres, qui sont remplis par des animaux chimériques modelés en relief.

H. 15 pouces.—Diamètre, 8 pouces et demi.

979. **Porcelaine bleue craquelée.** — Deux vases, formes d'urnes.

Ces vases sont élevés sur une fort belle monture en bronze ciselé et doré, ouvrage de M. Feuchère.

H. 13 pouces.

980. **Porcelaine.**—Deux lapins blottis sur le haut d'une roche. Les corps de ces animaux sont chargés de carrés remplis d'ornements différents, et qui sont très finement exécutés.

H. 8 pouces et demi.

981. **Porcelaine.** — Deux *pot-pourri* de forme hexagone : chacune de leurs faces est chargée d'un cartouche rempli d'ornements découpés à jour; les fonds, alternés en rose et en céladon, sont décorés de fleurs et d'arabesques très bien peints.

Monture européenne, en cuivre ciselé et doré.

H. 10 pouces et demi. — Diamètre, 8 pouces et demi.

982. **Porcelaine: vert céladon.**—Deux vases à côtes, et de forme longue.

Couvercles et monture européenne, en cuivre ciselé et doré.

H. 15 pouces.

983. Porcelaine: vert céladon. — Deux siéges en forme de barils, percés à jour; sur leur pourtour sont des frises circulaires d'ornements en relief, ainsi que des boutons de forme hémisphérique.
H. 17 pouces.

984. Porcelaine : vert céladon. — Une forme de concombre à côtes, avec feuillage et fleurs en relief. Cet objet a son pendant.
H. 9 pouces.

985. Porcelaine.—Deux vases forme ovale, tronquée vers le bas : fond jaunâtre, entouré de cercles en relief de couleur chocolat.
Monture européenne, en cuivre ciselé et doré.
H. 1 pied.

986. Porcelaine : vert céladon. — Deux tiges de bambou, de longueur inégale, et accolées. Cette forme de vase a son pendant.
Monture européenne, en cuivre doré.
H. 7 pouces.

987. Porcelaine craquelée.—Deux *pot-pourri*, de forme ronde et à trois compartiments séparés par des grillages en cuivre doré; leurs fonds, émaillés en jaune, sont ornés de branches d'arbustes diaprés de belles couleurs.
Les anses en sont formées par des mufles de lions, garnis d'ornements en cuivre ciselé et doré.
H. 8 pouces 9 lignes.

988. Porcelaine blanche craquelée. — Une écritoire composée de trois pièces, sur plateau en laque, et montée en cuivre ciselé et doré.

Largeur, 8 pouces 1 ligne.

989. Porcelaine. — Deux femmes debout : l'une tient un chasse-mouche, et l'autre une ombrelle. Ces figures sont coloriées.

H. 1 pied.

990. Porcelaine jaune craquelée. — Deux vases de forme ovale.

Ces vases sont enchassés dans une monture en cuivre doré; leur orifice est également garni en cuivre.

H. 7 pouces.

991. Porcelaine. — Deux chimères, la gueule béante et détournant la tête : ces animaux, qui sont de couleur brune, présentent des détails émaillés en blanc.

H. 1 pied.

992. Porcelaine. — Deux hommes debout, et dont l'un est appuyé sur une béquille à main. Ces figures sont coloriées.

H. 8 pouces.

993. Porcelaine. — Un *magot* accroupi, accompagné de deux enfants et de deux petits chiens.

H. 7 pouces.

994. Porcelaine. — Petite fontaine, formée par la figure d'un enfant qui pisse. Cette figure est coloriée et dorée.

H. 8 pouces.

995. Porcelaine. — Un enfant assis, et qui tient à la main une coquille du genre des *porcelaines*.

H. 4 pouces.

996. Porcelaine coloriée. — Un *magot* tenant sur l'épaule une branche de pêcher. Cette figure est répétée.

H. 9 pouces 8 lignes.

997. Porcelaine craquelée, coloriée et dorée. — Un homme accroupi, qui soutient une espèce d'outre suspendue au bout d'un bâton.

Cette figure est posée sur un plateau en cuivre ciselé et doré.

H. 5 pouces et demi.

998. Porcelaine coloriée. — Un oiseau aquatique, à demi posé sur une roche. Cet objet a son pendant.

Monture soutenue par des pieds de quadrupèdes, en cuivre ciselé et doré.

H. 14 pouces 4 lignes.

999. Porcelaine : vert céladon craquelé. — Deux vases de forme ronde, surmontés de longs cols,

auxquels sont attachées des anses formées par des poissons.

H. 8 pouces.

1000. Porcelaine : grand craquelé. — Deux vases de forme ovale, et dont les orifices sont très ouverts. Ces vases, dont le fonds est brun, sont décorés d'arbres, de plantes et de rameaux émaillés en bleu.

H. 15 pouces. — Diamètre, 7 pouces 5 lignes.

1001. Porcelaine: vert céladon. — Un pavillon à quatre étages, dont le bas est entouré d'une galerie à jour. Cet objet, dont les étages supérieurs présentent des ouvertures, repose sur trois pieds.

H. 13 pouces.—Diamètre, 6 pouces.

1002. Porcelaine blanche.—Une figure de femme, debout, et tenant un enfant dans ses bras : la tête de cette figure se détache à volonté.

H. 2 pieds.

1003. Porcelaine blanche. — Une figure de femme, debout.

H. 15 pouces.

1004. Porcelaine coloriée. — Un groupe, composé d'une femme et d'un jeune homme assis près d'elle.

H. 7 pouces 7 lignes.

1005. Porcelaine coloriée. — Une femme à demi couchée, et dont la tête est mobile.
Largeur, 8 pouces.

1006. Porcelaine blanche. — Un *magot* accroupi. Monture en cuivre doré.
H. 4 pouces.

1007. Porcelaine. — Un homme couché, qui se fait éventer par un enfant.
H. 3 pouces.

1008. Porcelaine blanche. — Un *magot* à demi accroupi, et qui tient une petite boule dans la main gauche.
H. 7 pouces 4 lignes.

1009. Porcelaine blanche.—Un *magot* accroupi, et qui tient une tasse à la main : à ses pieds, sont placés un bol et une théière.
H. 3 pouces 7 lignes.

1010. Porcelaine blanche. — Une femme assise, et qui tient un enfant sur ses genoux.
H. 8 pouces 9 lignes.

1011. Porcelaine coloriée. — Deux lévriers couchés, et faisant pendants l'un à l'autre.
Largeur, 4 pouces et demi.

1012. Porcelaine: vert céladon. — Une bouteille en forme de poire, avec ornements en relief, et orifice garni de cuivre doré.
H. 7 pouces 3 lignes.

1013. Porcelaine : blanc sale craquelé.—Un petit baril, avec ornements découpés à jour.
> H. 6 pouces 7 lignes. — Diamètre, 6 pouces.

1014. Porcelaine : vieux céladon.—Deux bouteilles et une espèce de gourde qui porte des ornements diaprés.

Monture en cuivre ciselé et doré.
> Hauteur moyenne, 1 pied.

1015. Porcelaine coloriée. — Un homme, monté sur un éléphant : socle à jour.
> H. 6 pouces et demi.

1016. Porcelaine bleue. — Un chat couché : cet animal repose sur un tabouret garni d'un coussin, en bronze ciselé et doré.
> H. 6 pouces 4 lignes.—Largeur, 5 pouces 9 lignes.

1017. Porcelaine coloriée et dorée. — Une carpe, à demi dressée sur la sommité d'une roche qui s'ouvre en deux parties.

Monture européenne, en cuivre ciselé et doré.
> H. 9 pouces 9 lignes.

1018. Porcelaine coloriée. — Un crapaud à trois pattes, sur lequel est monté un enfant qui tient une fleur à la main.
> H. 5 pouces.—Largeur, 4 pouces 2 lignes.

1019. Porcelaine coloriée et dorée. — Un chat couché, et qui paraît guetter un oiseau.
> Largeur, 14 pouces 8 lignes.

OUVRAGES ORIENTAUX. 227

1020. Porcelaine brune et jaune. — Un chat en repos.
> Monture européenne, en cuivre ciselé et doré.
>> H. 5 pouces 2 lignes.—Largeur, 7 pouces 4 lignes.

1021. Porcelaine coloriée.—Deux canards couchés. Socles à huit pieds, en cuivre doré.
>> H. 5 pouces 9 lignes. — Largeur, 7 pouces.

1022. Porcelaine craquelée.—Deux vases de forme étroite, et qui présentent de larges orifices.
>> H. 6 pouces.

1023. Porcelaine craquelée. — Une coupe profonde, ornée de deux mufles d'animaux chimériques.
> Pied à jour, en cuivre ciselé et doré.
>> H. 9 pouces 2 lignes.—Diamètre, 7 pouces et demi.

1024. Porcelaine coloriée. — Deux beaux aigles debouts sur des sommets de rochers.
>> H. 21 pouces 9 lignes.

1025. Porcelaine : bleu clair. — Deux vases de forme ovale, ornés de fleurs, d'arbustes et de rochers, émaillés sur leur pourtour.
>> H. 14 pouces.—Diamètre, 8 pouces.

1026. Porcelaine : bleu clair. — Un vase de forme ronde, d'où s'élève un long goulot : ce vase est couvert de fleurs et de rameaux émaillés en bleu foncé et en blanc.

15.

Anses et monture européenne, en cuivre ciselé et doré.

H. 19 pouces. — Diamètre, 7 pouces et demi.

1027. Porcelaine, fond bleu. — Deux vases, forme de tubes élargis du haut et du bas : leur pourtour est orné de figures, de paysages et de rameaux de fleurs coloriés.

H. 14 pouces et demi. — Diamètre, 7 pouces.

1028. Porcelaine : vert céladon. — Deux coqs couchés, et qui détournent la tête, sur piédestaux de forme carrée.

Monture en cuivre ciselé et doré.

H. 13 pouces 4 lignes. — Largeur, 7 pouces 4 lignes

1029. Porcelaine craquelée, gris jaunâtre.—Deux tasses et leurs soucoupes : sur leurs pourtours sont des tiges chargées de fleurs émaillées en vert et en bleu, et rehaussées d'or.

H. 2 pouces.—Diamètre des soucoupes, 8 pouces 9 lignes.

1030. Porcelaine craquelée : fauve clair. — Une grande tasse sur sa soucoupe.

H. 3 pouces.—Diamètre de la soucoupe, 6 pouces 3 lignes.

1031. Porcelaine fauve. — Deux vases, forme de poires.

H. 3 pouces.

1032. Porcelaine blanche, coloriée et dorée. — Deux vases, forme de balustres.

H. 3 pouces.

1033. Porcelaine.—Deux vases de forme carrée, et garnis d'anses : sur leur pourtour sont émaillées des figures de femmes et des tiges chargées de fleurs.

H. 3 pouces et demi.

1034. Porcelaine grise et craquelée.—Quatre vases de forme ovale.

H. 3 pouces 3 lignes.

1035. Porcelaine en bleu, dit de Perse. — Deux cafetières à une anse, fond *fouetté* d'azur, avec chimères, fleurs et linéaments en couleur d'or.

H. 4 pouces et demi.

1036. Porcelaine blanche.—Une espèce de salière, de forme oblongue, divisée en deux compartiments, et garnie de son couvercle : cet objet est chargé d'ornements en relief.

H. 2 pouces.—Largeur, 3 pouces 9 lignes.

1037. Porcelaine bleue.—Une théière garnie d'une anse : ses côtés sont ornés de champs renfoncés, qui contiennent des fleurs et d'autres e oule ments, tracés au trait et en or.

H. 8 pouces 4 lignes.

1038. Porcelaine bleue. — Une bouteille, forme de poire renflée et rétrécie dans diverses parties. Monture et chaînes en cuivre doré.

H. 5 pouces 11 lignes.

1039. Porcelaine, fond brun. — Un bol, avec figures, fabriques et animaux, en couleur qui imite l'argent.

<small>H. 2 pouces 7 lignes.—Diamètre, 5 pouces et demi.</small>

1040. Porcelaine, fond blanc.—Un vase de forme ovale, portant un large piédouche et un petit goulot ; il est orné de fleurs émaillées en bleu, contenues dans des compartiments.

<small>H. 2 pouces 9 lignes.</small>

1041. Porcelaine : bleu clair. — Une coquille de limaçon, élevée sur quatre pieds.

<small>H. 3 pouces 8 lignes.—Largeur, 6 pouces.</small>

1042. Porcelaine verte.—Un bol, orné de figures et de paysages gravés sur son pourtour.

<small>H. 2 pouces.—Diamètre, 4 pouces et demi.</small>

1043. Porcelaine grise.—Un vase, forme de bouteille, et décoré de tiges de fleurs coloriées et dorées; le haut de son goulot est garni de cuivre doré.

<small>H. 6 pouces.</small>

1044. Porcelaine, fond jaune. — Un *pot-pourri*, forme de grenade, et dont le bouton du couvercle représente une souris à large queue : son pourtour est chargé de bouquets émaillés de diverses couleurs, et sa monture, qui imite un feuillage, est en cuivre ciselé et doré.

<small>H. 5 pouces 7 lignes.</small>

1045. Porcelaine craquelée : céladon clair.—Deux bouteilles, forme de *gouttes*, avec orifices et bases, montés en cuivre doré.
H. 5 pouces 2 lignes.

1046. Porcelaine : vert céladon.—Deux espèces de soucoupes, forme de feuilles.
Diamètre moyen, 5 pouces 9 lignes.

1047. Porcelaine : fond gris fauve. — Une boîte de forme carrée, portant un couvercle découpé à jour, et orné d'un animal chimérique ; cette boîte est élevée sur quatre pieds, et ses côtés présentent des tiges de fleurs ; quelques-unes de ses parties sont émaillées en blanc.
H. 2 pouces et demi. — Largeur, 3 pouces.

1048. Porcelaine : céladon. — Une grosse pêche, une petite grenade et un autre fruit, portés sur une même tige ; la première forme une théière qui s'emplit par dessous.
H. 3 pouces.

1049. Porcelaine : céladon.—Une bouteille, avec ornements légèrement gravés, et remplis par l'émail de la couverte.
H. 5 pouces 8 lignes.

1050. Porcelaine craquelée, fond fauve. — Une espèce de petite soupière, dont les anses sont formées par deux masques d'animaux chimériques.
H. 2 pouces. — Diamètre, 4 pouces 9 lignes.

1051. Porcelaine : couleur chocolat. — Une boîte de forme carrée : son couvercle est orné d'une branche d'arbre, chargée de fleurs et de boutons, avec bordure en méandres.
H. 3 pouces et demi.

1052. Porcelaine. — Deux tasses, dont les formes sont celles de la fleur du nénuphar : ces tasses sont émaillées de diverses couleurs.
H. 2 pouces 10 lignes.

1053. Porcelaine. — Une plaque découpée, avec ornements dorés, se détachant sur un fond bleu : cet objet était destiné à être suspendu, et frappé pour rendre un son.
H. 4 pouces 10 lignes.

1054. Porcelaine : grand craquelé. — Un pot à deux anses.
H. 2 pouces 2 lignes.

1055. Porcelaine céladon. — Un vase de forme allongée, avec méandres et feuilles, en bas-relief très peu prononcé.
Goulot et base montés en cuivre doré.
H. 7 pouces et demi.

1056. Porcelaine : céladon clair. — Vase de forme ovale allongée, avec branches chargées de fleurs, insectes et ornements diaprés.
H. 6 pouces 4 lignes.

1057. Porcelaine, fond blanc. — Une tasse et sa

soucoupe; la première offrant à l'extérieur un grillage à jour, masqué par un fond, et la seconde ayant son pourtour également travaillé à jour. Les ornements qui couvrent l'une et l'autre sont émaillés en bleu.

H. 2 pouces 4 lignes.—Diamètre de la soucoupe, 4 pouces 9 lignes.

1058. Porcelaine craquelée: couleur fauve.—Une assiette, sur laquelle est peinte une feuille de plante bulbeuse.

Diamètre, 8 pouces.

1059. Porcelaine grise, craquelée. — Une espèce de veilleuse à bouillon, se partageant en deux parties; ses anses sont formées par des muffles d'animaux chimériques, et ses faces présentent des plantes et des méandres, en vert, en bleu et en or.

H. 8 pouces 8 lignes.

1060. Porcelaine grise, craquelée.—Deux vases de forme ovale, avec anses, anneaux et autres détails en relief, imitant une monture dorée.

H. 6 pouces 4 lignes.

1061. Porcelaine grise, craquelée.—Deux vases de forme ronde applatie, et qui portent de longs gouleaux; ces vases sont ornés de muffles et d'autres reliefs émaillés en brun.

Anneaux et monture en cuivre doré.

H. 6 pouces 4 lignes.

1062. Porcelaine craquelée, jaune fauve. — Vase de forme ronde, dont le gouleau est long et évasé ; anses et autres détails en relief, et émaillés en brun.

H. 6 pouces 8 lignes.

1063. Porcelaine craquelée, fond bleu clair, *fouetté* d'une couleur violâtre. — Un vase, avec anses, bouchon et piédouche, en cuivre ciselé et doré.

H. 8 pouces 8 lignes.

1064. Porcelaine grise, craquelée. — Deux petits pots de forme ovale.

H. 2 pouces 1 ligne.

1065. Porcelaine grise, craquelée. — Un vase de forme ovale, avec mufles et cercles d'ornements émaillés en brun.

Anneaux, orifice et piédouche en cuivre ciselé et doré.

H. 7 pouces 3 lignes.

1066. Porcelaine grise, craquelée : truité fin. — Une espèce de veilleuse à bouillon, composée de deux pièces unies par un grillage en cuivre doré. Cet objet, travaillé à jour, est orné d'arbustes chargés de fleurs diaprées.

Monture inférieure élevée sur trois pieds, anses et chaînettes en cuivre doré.

H. 8 pouces. — Diamètre, 5 pouces 8 lignes.

1067. Porcelaine: céladon, craquelée.—Deux vases à anses formées par des poissons; même forme que ceux décrits sous le n° 999.

H. 7 pouces 9 lignes.

1068. Porcelaine craquelée, de couleur grise. — *Pot-pourri*, forme d'œuf d'autruche, portant un petit orifice triangulaire.

Base circulaire et autres détails de monture, en cuivre ciselé et doré.

H. 7 pouces 1 ligne.—Diamètre, 4 pouces et demi.

1069. Porcelaine, fond blanc. —Forme de corne tronquée, et en partie découpée à jour, avec anse formée par une espèce de lézard chimérique : ornements en fleurs et en feuillages diaprés.

H. 2 pouces 10 lignes.

1070. Porcelaine bleue.—Une petite écuelle, garnie de son couvercle, et posant sur une assiette ; le tout couvert d'ornements peints en or.

La monture de ces pièces est en argent ciselé, et de travail oriental [1].

H. 7 pouces.—Diamètre de l'assiette, 5 pouces.

1071. Porcelaine blanche. — Une espèce de *souricière*, percée à jour sur toutes ses faces, et qui se ferme par une trappe : cet objet est orné

[1] Un petit morceau du bord de l'assiette a été fracturé et recollé.

de dragons à quatre griffes, diaprés et dorés, formant le centre de trois médaillons.

<small>H. 5 pouces. — Longueur, 9 pouces. — Largeur, 5 pouces 3 lignes.</small>

1072. Porcelaine, fond blanc. — Deux vases de forme ovale, garnis de petits goulots et de larges piédouches ; leur pourtour est orné de fleurs contenues dans des compartiments, et qui sont émaillées en bleu.

<small>H. 2 pouces 9 lignes.</small>

1073. Porcelaine. — Six tasses et soucoupes, dont toutes les faces sont ornées de peintures ; cinq d'entre elles sont de forme ronde prismatique.

<small>H. 1 pouce et demi. — Diamètre, 4 pouces.</small>

1074. Porcelaine coloriée. — Deux feuilles appliquées l'une sur l'autre, et qui sont accolées par de petits glands : cet objet est percé en dessous, et nous ignorons son usage.

<small>Largeur, 2 pouces.</small>

1075. Porcelaine. — Seize petites pièces, de formes et de proportions différentes.

### CANNE. — BAMBOU. — BOIS DIVERS.

1076. Canne. — Une table dont la monture est travaillée à jour, et dont le dessus est formé d'un morceau de laque moderne.

<small>H. 30 pouces 10 lignes. — Longueur, 30 pouces 3 lignes.</small>

1077. Canne.—Un fauteuil, travaillé à jour.
H. 33 pouces.

1078. Bois de bambou. — Un *magot* assis, présentant un petit pâté à un gros crapaud à trois pattes.
H. 6 pouces 4 lignes.

1079. Bois de bambou.—Un *magot* debout, et qui tient deux sceptres de hauteur inégale. Cette figure, dont l'exécution est remplie de vérité, représente, dit-on, le sage Confucius. *
H. 1 pied 11 lignes.

1080. Bois de bambou. — Un *magot* monté sur un buffle, tenant une pêche et un rouleau : cette figure repose sur un pied découpé à jour, en acajou.
H. 1 pied 3 lignes.

1081. Bois de bambou. — Un vase dont la forme, dit-on, se nomme *pi-tong*.
Ce vase, dont le travail est surprenant, offre une forme ovale; sur son pourtour sont sculptés et détachés à jour des bocages de bambous, des rochers et des groupes de personnages, exécutés avec un fini précieux.
H. 6 pouces 3 lignes.—Largeur, 5 pouces 1 ligne.

1082. Bois de bambou.—Un vase à parfums, forme de tube, et en partie découpé à jour : son pourtour est décoré de paysages représentant des forêts de bambous, des roches et des groupes composés de divers personnages.

Ce vase est également d'une exécution admirable.

<small>H. 11 pouces 4 lignes. — Diamètre, 3 pouces 3 lignes.</small>

1083. Bois de bambou. — Forme, dite de *gourde*, chargé d'ornements parfaitement sculptés. *

<small>H. 6 pouces. — Diamètre, 4 pouces et demi.</small>

1084. Un vase de forme élevée et renflée vers le haut : ce beau vase offre quatre faces aplaties, recouvertes avec beaucoup d'adresse par une pellicule d'écorce de bambou.

Ce vase est garni d'anses qui présentent des anneaux mobiles; ses quatre faces contiennent des ornements sculptés en bas-relief, coloriés en partie, et appliqués sur le fond. *

<small>H. 11 pouces. — Diamètre, 7 pouces et demi.</small>

1085. Bambou. — Sept figures, qui représentent les sujets suivants :

Un homme assis, jouant avec un crapaud à trois pattes. — Autre, assis, et tenant un petit crapaud. — Autre, assis, et qui bâille. — Autre, tenant une pêche. — Un vieillard monté sur une espèce de tigre. — Un homme tenant un balai, et près duquel est un crapaud à trois pattes. — Un enfant monté sur le dos d'un quadrupède cornu.

<small>Hauteur moyenne, 3 pouces.</small>

1086. Placage en bambou. — Une boîte carrée, dont le couvercle est chargé de rameaux de fleurs, exécutés en bas-relief.
<blockquote>H. 16 lignes. — Largeur, 2 pouces 1 ligne.</blockquote>

1087. Placage en bambou. — Une boîte de forme ovale : son dessus est orné de rameaux de fleurs en bas-relief.
<blockquote>H. 16 lignes.—Largeur, 2 pouces 6 lignes.</blockquote>

1088. Placage en bambou. — Une boîte, dont le contour offre cinq côtes circulaires : son dessus est chargé de rameaux de fleurs exécutés en bas-relief.
<blockquote>H. 17 lignes. — Largeur, 2 pouces 3 lignes.</blockquote>

1089. Bambou. — Un petit plateau, forme de feuille découpée.
<blockquote>Longueur, 5 pouces 9 lignes.</blockquote>

1090. Bois de santal.—Un *magot* debout, et qui danse; près de lui, est placé un gros crapaud à trois pattes : cette statuette a un pendant qui est à peu près posé de même.
<blockquote>H. 8 pouces 11 lignes.</blockquote>

1091. Bois de santal. — Un *magot* debout, et qui tient une pêche.
<blockquote>H. 6 pouces et demi.</blockquote>

1092. Bois de santal.—Une femme debout, et qui tient un rouleau à la main : cette figure est élevée sur un pied à jour, en stéatite.
<blockquote>H. 10 pouces et demi.</blockquote>

1093. Bois de santal. — Un très beau sceptre de Mandarin : sa forme est celle d'un tronc d'arbre, garni de quelques branches qui supportent huit personnages placés à des hauteurs inégales. Sur le haut, repose un vieillard accroupi, et tenant à la main un objet qui nous est inconnu.

Cette sculpture, presque toute évidée à jour, est exécutée avec une très grande délicatesse de travail.

H. 17 pouces.

1094. Bois de santal. — Une monture d'éventail découpée à jour.

Longueur, 9 pouces et demi.

1095. Racine, dite *mandragore*. — Sa partie supérieure offre le buste d'un génie, tenant à la main un objet qui nous est inconnu. Cet objet est fort beau pour le genre auquel il appartient.

H. 14 pouces.

1096. *Mandragore*. — Un oiseau aquatique du genre des échassiers, sur un terrain figurant des rochers découpés.

H. 17 pouces 3 lignes.

1097. *Mandragore*. — Huit objets divers; figures humaines, animaux, etc.

Hauteur moyenne, 7 pouces.

1098. Bois *laqué* ou mastiqué en rouge. — Un tube, échancré du haut : sur son pourtour, qui est partagé en deux registres, sont représentés des paysages, des figures, et d'autres détails fort bien exécutés.

H. 20 pouces et demi. — Diamètre, 5 pouces et demi.

1099. Bois laqué et colorié. — Un homme barbu, debout, et tenant un chasse-mouche.

H. 9 pouces.

1100. Bois *laqué*. — Deux statuettes à têtes et langues mobiles : ces figures représentées debout et richement vêtues, tiennent chacune, avec la main gauche, un objet dont le nom et l'usage nous sont inconnus.

H. 7 pouces 9 lignes.

1101. Bois colorié et doré. — Figure d'homme, portant un bonnet surmonté de sept globes dorés : ce personnage est assis sur un grand fauteuil, et ses pieds reposent sur un tabouret.

Sa robe de dessus est ornée de quelques *Dragons* qui se détachent sur fond bleu.

H. 7 pouces 9 lignes.

1102. Bois. — Une boîte à miroir, forme carrée, avec groupes de caractères en relief, se détachant sur un fond noir.

Cette boîte contient un miroir en métal poli.

H. 5 pouces 3 lignes.

1103. **Bois colorié.** — Deux espèces de *sokes*. Ces objets sont ornés chacun d'une tige de fleur en ivoire peint et qui est destinée à séparer le gros orteil du doigt qui l'avoisine : ces fleurs dont le calyce s'ouvre au moyen d'un ressort caché, correspondent avec un petit bouton placé sur le talon de cette chaussure.

Longueur, 8 pouces.

1104. **Cartonnage peint.** — Deux magots accroupis et dont les têtes sont mobiles : la partie inférieure de leurs corps est enveloppée dans une draperie peinte en or et en couleurs diverses.

H. 1 pied 6 lignes. — Largeur, 17 pouces.

1105. **Cartonnage mastiqué en rouge.** — Deux petites tasses de forme ronde, et qui sont décorées de fleurs exécutées en relief : l'intérieur de ces tasses est plaqué en argent.

H. 17 lignes. — Diamètre, 2 pouces 2 lignes.

## STÉATITE. — CORNE. — IVOIRE.

1106. **Stéatite** [1]. — Trois *magots* debout : l'un d'eux est appuyé sur un grand bâton.

Hauteur moyenne, 8 pouces et demi.

---

[1] La matière que nous nommons ici *stéatite*, et que l'on appelle quelquefois *pierre de lard*, est celle dont Werner a fait une espèce à part, sous le nom de *bild-stein*, c'est-à-dire *pierre à sculpture :* cette substance ne contenant point de magnésie, n'est point réellement une stéatite; et si nous l'appelons ainsi, ce n'est que pour nous conformer à un usage vicieux, mais généralement établi.

1107. Stéatite. — Un *magot*, à demi accroupi, porté sur le dos d'un crapaud à trois pattes et qui mange un fruit.

H. 6 pouces 7 lignes. — Largeur, 5 pouces 4 lignes.

1108. Stéatite.—Deux *magots* : l'un d'eux, élevé sur des rochers et tenant une branche, menace un oiseau aquatique, placé près de lui.

H. 10 pouces.

1109. Stéatite.—Un *magot* debout, et qui tient un petit sceptre.

H. 10 pouces.

1110. Stéatite.—Un plateau de forme carrée : son dessus est orné de six fleurs, dont les corolles sont destinées à recevoir et contenir un pareil nombre de tasses.

Longueur, 9 pouces. — Largeur, 6 pouces.

1111. Stéatite, couleur de succin. — *La main de Fó*, en partie entourée d'un branchage : sorte de vase évidé par dessous.*

H. 9 lignes. — Longueur, 2 pouces 5 lignes.

1112. Stéatite. — Huit *magots* debout, et qui sont placés dans diverses attitudes.

Hauteur moyenne, 5 pouces 4 lignes.

1113. Stéatite. — Un coffret à deux anses et de forme rectangulaire : ses faces, découpées à jour, sout incrustées de quelques pâtes vitreuses qui imitent assez bien l'émeraude.

Ce coffret est doublé en soie rose.

<small>H. 4 pouces 11 lignes.—Largeur, 7 pouces 11 lignes.</small>

1114. Stéatite. — Une théière, dont le couvercle est chargé d'un animal chimérique : sa forme est celle d'un débris de tronc d'arbre; le goulot et l'anse figurent des branches, et la dernière, chargée de fleurs, enlace en partie le corps de la théière.

<small>H. 5 pouces 9 lignes.—Largeur, 5 pouces 10 lignes.</small>

1115. Stéatite. — Sept *magots*, de proportions différentes, et dont les attitudes sont variées.

<small>Hauteur moyenne, 4 pouces.</small>

1116. Stéatite coloriée. — Deux génies, placés sur des rochers : l'un d'eux est couvert d'un vêtement chargé d'ornements gravés et dorés.

<small>Hauteur moyenne, 13 pouces.</small>

1117. Stéatite aventurinée. — Une théière de forme ronde aplatie, et dont les côtés sont ornés de filets en relief. Son anse est surmontée par la tête d'un animal chimérique, et le tout repose sur un piédouche de forme élevée.

<small>H. 11 pouces 4 lignes.—Diamètre, 6 pouces et demi.</small>

1118. Stéatite-onyx, à fond brun. — Un écran de forme carrée, et dont le devant est orné d'un

OUVRAGES ORIENTAUX. 245

paysage exécuté en bas-relief, avec un très grand soin.

Sa monture est en bois de fer, et présente quelques profils découpés.

H. 1 pied 6 lignes. — Largeur, 9 pouces et demi.

1119. Stéatite rouge. — Une masse de rochers, parmi lesquels se voient des arbres, une cabane, etc.

H. 4 pouces et demi. — Largeur, 7 pouces.

1120. Corne de rhinocéros.—Une coupe, dont les faces extérieures sont sculptées avec beaucoup d'art. On y voit des arbres dont les troncs se détachent à jour; des groupes de personnages, disposés sur quelques plateaux formés par des rochers; un paysage, traversé par un torrent qui porte une barque et sur lequel est jeté un petit pont, etc.

H. 4 pouces 2 lignes. — Diamètre, 6 pouces et demi.

1121. Corne de rhinocéros. — Une coupe, forme de fleur, dont l'anse est composée de branches chargées de fleurs et détachées à jour; le reste de son pourtour présente des pétales festonés, également pris dans la masse, et sur lesquels sont appliquées deux petites tiges.

L'intérieur de cette coupe figure le calice de la fleur, et sur son bord repose une branche qui est aussi couverte de fleurs.

H. 3 pouces et demi.—Diamètre, 5 pouces 7 lignes.

1122. Ivoire. — Trois groupes, de même proportion et de travail semblable : le premier représente un homme barbu qui s'entretient avec un génie *; les autres, composés chacun d'un homme et d'une femme, paraissent figurer la *Recherche* et l'*Abandon*.

Ces groupes sont parfaitement sculptés.

H. 2 pouces 9 lignes.

1123. Ivoire. — Deux éventails, évidés à jour avec une délicatesse qu'on ne trouve guères que dans les ouvrages chinois.

H. 10 pouces et demi.

### BRONZE ET CUIVRE.

1124. Bronze. — Deux oiseaux, du genre des échassiers, et qui tiennent chacun dans leur bec une pêche portée sur un rameau.

H. 13 pouces.

1125. Bronze. — Deux vases de forme oblongue, portant chacun trois cartouches remplis de fleurs ciselées et dorées, qui se détachent sur un fond bruni.

H. 3 pouces.

1126. Bronze. — Une espèce de coquetier, chargé de trois beaux cartouches remplis par des fleurs ciselées et dorées, qui ressortent parfaitement bien sur un fond bruni.

H. 3 pouces.

1127. Bronze.—Une femme assise à l'orientale, et qui cache ses mains sous son vêtement. *

Cette figure repose sur un pied sculpté, en bois de fer.

H. 5 pouces.

1128. Bronze. — Un vase, forme d'animal chimérique : la tête, qui est détachée du tronc, lui sert de couvercle. Ce vase a son pendant.

H. 6 pouces.

1129. Bronze. — Un vase, forme de tube élargi et garni de deux anses : son contour présente un cartouche contenant quatre figures humaines, qui tiennent des attributs divers.

H. 6 pouces et demi.

1130. Bronze. — Un *magot* assis sur le dos d'une vache qui est creusée comme un vase, et auquel il sert de couvercle.

H. 6 pouces et demi.— Largeur, 6 pouces 9 lignes.

1131. Bronze. — Deux vases de forme ronde, et dont l'orifice est très ouvert : ces vases sont entourés de reliefs qui représentent des méandres, des feuilles et des groupes de caractères.

Chaînettes et socles en cuivre doré.

H. 7 pouces.

1132. Bronze. — Vase de forme élancée, à large orifice, et chargé d'ornements en relief.

Monture en cuivre doré.

H. 6 pouces et demi.

1133. Bronze. — Une théière : forme de pêche, élevée sur une tige garnie de feuilles. *

H. 3 pouces 9 lignes, — Longueur, 5 pouces 3 lignes.

1134. Bronze. — Deux vases ovales, à huit pans, et garnis d'anses formées par des mufles auxquels sont suspendus des anneaux.

H. 1 pouce 11 lignes.

1135. Bronze. — Deux vases de forme ronde, et dont les orifices sont élargis.

H. 1 pouce 8 lignes.

1136. Bronze. — Deux espèces de veilleuses à bouillon, avec ouvertures sur leurs panses et sur leurs couvercles.

Leurs anses sont formées par des anneaux, et elles reposent sur trois pattes de lions, en cuivre ciselé et doré.

H, 8 pouces et demi.

1137. Bronze. — Deux vases, en forme de bouteilles très allongées.

Leurs anses sont formées par des branches chargées de fleurs.

H. 9 pouces et demi.

1138. Bronze.—Deux vases à huit côtes, et dont les formes sont élevées.

Chacune des côtes est chargée de petites figures, d'arbustes et d'oiseaux, exécutés en bas-relief, et avec une grande perfection.

H. 5 pouces.

1139. Bronze. —Deux miroirs de forme ronde, et garnis chacun d'un manche eu même métal : sur le revers de l'un, est un groupe de caractères en relief, et sur l'autre se voit une feuille dont les bords sont découpés.

Hauteur moyenne, 8 pouces 8 lignes.

1140. Bronze.—Un vase à parfums, de forme oblongue : son couvercle, qui est à jour, est chargé d'animaux chimériques, et surmonté d'un orifice de forme carrée ; les anses représentent des muffles, et les quatre faces sont également ornées d'animaux de forme idéale.

Sous ce vase, qui est porté sur un plateau à quatre pieds, est placée une inscription qui contient la date de sa fabrication [1]*.

H. 9 pouces et demi.—Largeur, 6 pouces.

1141. Bronze.—Statuette représentant un homme debout, portant un bonnet garni de cornes, et tenant un objet dont le nom nous est inconnu.

Cette figure, que l'on croit de fabrique tartare, repose sur une roche, qui soutient également un quadrupède. *

H. 6 pouces et demi.

---

[1] Cette date paraît remonter à l'époque du cinquième empereur de la famille *Ta-Ming*, qui occupa le trône de la Chine depuis l'an 1426 jusqu'en 1436 de J.-C. (*note communiquée*).

1142. Cuivre. — Deux théières à trois robinets : elles sont garnies d'anses ornées de rameaux chargés de fleurs, et reposent chacune sur trois pieds.

Le pourtour de ces vases contient des cartouches remplis de fleurs et d'animaux : les autres parties en sont également décorées d'objets analogues à ceux qui viennent d'être décrits.

H. 13 pouces.

1143. Cuivre. — Deux tasses à anses, avec ornements divers et fort bien exécutés.

Hauteur moyenne, 1 pouce et demi. — Diamètre des soucoupes, 5 pouces.

1144. Cuivre. — Un cadenas en forme de poisson, et d'un mécanisme très simple.

Longueur, 3 pouces 2 lignes.

1145. Cuivre. — Un flacon de forme ovale, échancré sur les côtés : à son bouchon est attaché une petite spatule propre à puiser un liquide très épais.

H. 1 pouce 9 lignes.

OR ET AUTRES SUBSTANCES PRÉCIEUSES.

1146. Filigrane en or. — Une boîte de forme oblongue, ouvrant à charnière, et fermant à crochet.

Cette boîte, que l'on peut considérer comme un chef-d'œuvre dans ce genre d'ouvrage, est d'une conservation parfaite.

<small>H. 1 pouce et demi. — Longueur, 8 pouces 2 lignes. — Poids, 6 gros 18 grains.</small>

1147. Ambre gris.—Un vase en forme de grenade à demi ouverte, et sur laquelle se contourne une tige du même arbre : son orifice est entouré d'un méandre, et son couvercle est chargé d'une fleur et d'une tige garnie de feuilles.

Ce vase est formé de morceaux ajustés ensemble d'une manière presque imperceptible.

<small>H. 3 pouces.—Diamètre, 3 pouces et demi.</small>

1148. Ambre gris.—Une boîte de forme hexagone, portée sur six petits pieds, et formée également de pièces rapportées. Ses faces et son couvercle sont découpées à jour et bordées de méandres; ces parties représentent des paysages, des vases et des fleurs exécutés avec la plus rare intelligence, et qui sont très bien conservés.

Cette boîte et le vase qui la précède sont placés sur des plateaux montés en trépieds, et soutenus par des figures arabesques, en cuivre ciselé et doré.

<small>Hauteur du vase, 2 pouces 4 lignes.—Diamètre, 3 pouces 4 lignes. — Hauteur du plateau, 6 pouces 4 lignes.</small>

1149. Jade. — Coupe de forme ronde; ses anses,

prises dans la masse et travaillées à jour, sont formées d'animaux chimériques : le pourtour est décoré de caractères et de cercles parfaitement exécutés en relief.

H. 14 lignes.—Diamètre, 4 pouces 7 lignes.

1150. Jade. — Coupe de forme ronde, et ornée d'une bande circulaire dont la gravure représente des tourbillons.

Les anses de cette coupe ont été prises dans la masse et travaillées à jour: elles sont formées par des animaux de nature chimérique.

H. 15 lignes.—Diamètre, 4 pouces et demi.

1151. Jade.—Une coupe, forme de fleur dont les pétales sont arrondies du haut : ses anses, prises dans la masse et travaillées à jour, représentent des lions de forme chimérique.

H. 1 pouce 11 lignes.—Diamètre, 4 pouces 10 lignes.

1152. Jade. — Une coupe, forme de fleur à quatre pétales : les anses, travaillées à jour, représentent des rameaux chargés de fleurs.

H. 1 pouce 9 lignes.—Diamètre, 4 pouces 7 lignes.

1153. Jade. — Coupe de forme ronde : ses anses, prises dans la masse et travaillées à jour, représentent trois quadrupèdes de composition chimérique; sur le devant de la coupe, est placé un cercle qui contient trois caractères gravés en relief.

H. 1 pouce 10 lignes. — Diamètre, 4 pouces 9 lignes.

1154. Jade.—Coupe dont la forme est celle d'une demi-pêche, tenant à une tige qui l'entoure en partie : sur cette dernière, repose un oiseau du genre des échassiers.

H. 1 pouce et demi.—Diamètre, 4 pouces.

1155. Jade. — Deux fruits ovales et portés sur une même tige : ces fruits, dont l'intérieur est creusé, et qui se partagent en parties égales, forment deux petites coupes, dont les dessus viennent s'insérer dans un feuilletis.

Longueur, 3 pouces 9 lignes.

1156. Jade. — Une coupe à côtes et de forme oblongue, et dont l'anse est formée par un bouton également à côtes.

Cet objet repose sur piédouche pris dans la masse.

H. 1 pouce 4 lignes. — Largeur, 4 pouces.

1157. Jade.—Une plaque, dont la forme générale ressemble à celles de quelques plantes aquatiques.

Cette plaque, qui est découpée de chaque côté, présente des ornements exécutés avec une habileté prodigieuse, et dont la composition diffère sur chacune des faces.

H. 1 pouce 10 lignes. — Largeur, 11 pouces 1 ligne.

1158. Jade.—Un petit plateau de forme oblongue, et dont les angles sont échancrés : cet objet, destiné à supporter une coupe, est orné en dessus d'animaux chimériques gravés en relief.

Longueur, 6 pouces 9 lignes.— Largeur, 5 pouces.

1159. Jade. — Une plaque de forme octogone, percée dans son centre, et dont l'emploi nous est inconnu.

Diamètre, 3 pouces 9 lignes.

1160. *Yeschm* artificiel, nommé improprement *pâte de riz* [1]. — Une tasse de forme ronde.

H. 23 lignes.—Diamètre, 2 pouces.

1161. Même matière.—Une tasse de forme ronde, avec des anses dont la forme est celle d'animaux chimériques et qui sont travaillés à jour : sur deux de ses faces opposées, sont des cercles qui contiennent chacun une inscription.

H. 1 pouce 10 lignes.—Diamètre, 4 pouces 4 lignes.

1162. Agate orientale. — Une coupe de forme ronde : la matière en est très riche et mamelonnée.

H. 1 pouce 10 lignes. — Diamètre, 2 pouces et demi.

1163. Agate orientale. — Une coupe de forme ronde, et dont la matière est bien mamelonnée : cette coupe est un peu fendue.

H. 1 pouce 3 lignes. — Diamètre, 3 pouces.

[1] Nous ne plaçons ici cette coupe et celle qui la suit, que pour réunir au jade la composition avec laquelle les Chinois sont parvenus à l'imiter.

1164. Agate orientale. — Une coupe ronde, élevée sur piédouche pris dans la masse : cette coupe est légèrement fêlée.

H. 2 pouces. — Diamètre, 2 pouces.

1165. Agate orientale. — Une belle tasse ronde, avec sa soucoupe.

H. 2 pouces.—Diamètre de la soucoupe, 3 pouces et demi.

1166. Agate orientale. — Une coupe ronde, dont l'extérieur est décoré de nervures.

H. 1 pouce et demi.—Diamètre, 2 pouces 9 lignes.

1167. Agate orientale, mamelonnée. — Une coupe ronde, élevée sur piédouche épargné dans la masse.

H. 1 pouce 8 lignes. — Diamètre, 2 pouces 5 lignes.

1168. Agate enfumée, orientale. — Une coupe de forme ronde.

H. 1 pouce 3 lignes.—Diamètre, 11 pouces 11 lignes.

1169. Agate mousseuse, orientale. — Une tasse ronde sur sa soucoupe, avec piédouche pris dans la masse.

H. 1 pouce 9 lignes. — Diamètre, 3 pouces et demi.

1170. Agate orientale.—Une belle coupe de forme ovale, et garnie de son couvercle.

Cette coupe est montée en argent doré.

H. 2 pouces 8 lignes.—Longueur, 4 pouces.

## LAQUE.

1171. Un *pi-tong* [1], de forme octogone, et dont les huit faces sont chargées d'ornements fort bien exécutés.

Cet objet est formé avec cette espèce de laque précieux, connu sous la dénomination de laque *usé*.

H. 4 pouces 8 lignes. — Diamètre, 4 pouces 9 lignes.

1172. Statuette.—Une femme accroupie, portant une longue chevelure de couleur rouge. Cette figure tient contre elle une espèce de bouteille, et entre ses cuisses, qui sont très écartées, est placé un tiroir garni d'un anneau.

H. 7 pouces. — Largeur, 7 pouces 3 lignes.

1173. Un coffre de forme ronde, supporté sur quatre pieds, et portant un couvercle aplati. Ce coffre, dont le contour est orné de côtes, est chargé d'arbustes peints en or sur fond noir.

Cet objet, dont le travail est très fin, est garni d'une monture orientale en cuivre doré.

H. 15 pouces. — Diamètre, 13 pouces.

---

[1] Espèce de boîte en forme de tube, ainsi nommée par les amateurs et les marchands.

1174. Un coffre, en forme dite de *tombeau* : son intérieur, partagé en cinq divisions, contient également un tiroir qui est masqué par le flanc droit du coffre, qui se lève et s'abaisse au moyen d'une coulisse.

Ce meuble est couvert de paysages et de fabriques très bien travaillés en relief, sur fond aventuriné. Sa monture, exécutée en Chine, est en argent.

H. 4 pouces 9 lignes. — Longueur, 7 pouces. — Largeur, 3 pouces.

1175. Une boîte de forme ronde, garnie d'un couvercle. Son fond est noir et chargé de fleurs en or *mat;* la bordure présente des ornements en or et des incrustations en burgau.

H. 2 pouces 3 lignes.—Diamètre, 2 pouces et demi.

1176. Une boîte qui recouvre un plateau dont les bords sont découpés : fond noir, orné de rameaux de fleurs en or et en couleur.

H. 2 pouces. — Longueur, 3 pouces et demi. — Largeur, 2 pouces 4 lignes.

1177. Une boîte en forme de losange : elle contient un plateau ainsi que quatre autres boîtes de même forme qu'elle, et dont les dessus sont ornés par des figures d'oiseaux aquatiques.

Sur le couvercle de cette boîte est peint un homme assis près d'une roche chargée de plantes et d'arbustes; ce personnage paraît *exhaler* son ame, représentée par une très petite figure qui termine son *souffle*.

Les quatre autres faces sont chargées d'oiseaux, de fabriques et d'arbustes, la plupart ornés de clous en argent, et d'autres détails en émail blanc.

H. 3 pouces 3 lignes. — Longueur, 6 pouces. — Largeur, 5 pouces.

1178. Six beaux plats de forme ronde : au centre se voient des paysages, et les bordures en sont chargées d'enroulements.

Diamètre, 1 pied 4 lignes.

1179. Boîte de forme ovale : le dessus en est orné de plantes et de papillons; sur le pourtour sont trois rameaux; le dessous représente deux plantes aquatiques.

H. 1 pouce 5 lignes. — Longueur, 3 pouces 7 lignes. — Largeur, 2 pouces 7 lignes.

1180. Boîte à savonnette, forme ronde : sur son pourtour est peint un courant d'eau, traversant un terrain semé de coquilles et de plantes.

Cette boîte est montée sur une tige de figuier en cuivre doré.

H. 4 pouces 9 lignes.—Diamètre, 3 pouces et demi.

1181. Un plateau de forme carrée, et porté sur quatre pieds; son dessus est orné de fleurs et de filets.

H. 1 pouce 11 lignes.—Diamètre, 4 pouces 2 lignes.

1182. Une boîte offrant la forme d'une pêche portée sur un rameau qui l'entoure en partie. Cet objet est placé sur une branche garnie de feuilles, et qui supporte un ornement de forme circulaire.

H. 2 pouces. — Diamètre de la branche formant plateau, 4 pouces et demi.

1183. Boîte oblongue, dont les cinq faces apparentes sont couvertes de beaux rameaux de fleurs, et d'autres ornements inscrits dans des cercles.

Cette boîte renferme un plateau, dont l'intérieur est orné par une branche chargée de roses légèrement nuancées.

H. 4 pouces 7 lignes. — Longueur, 6 pouces 9 lignes. — Largeur, 4 pouces.

1184. Une boîte carrée : sur son couvercle sont représentés quatre îlots chargés de bambous, de plantes et d'oiseaux.

H. 3 pouces. — Longueur, 7 pouces 4 lignes. — Largeur, 6 pouces et demi.

1185. Une boîte de forme ronde : sur son couvercle se voient deux biches qui paissent près de quelques tiges de fleurs.

Son pourtour contient quatre cartouches remplis par des paysages, des fabriques et des oiseaux.

H. 2 pouces 7 lignes. — Diamètre, 5 pouces.

1186. Une boîte, forme de *pastèque* à côtes, ornée de quatre cartouches qui contiennent des tiges de fleurs.

Longueur, 8 pouces. — Diamètre, 5 pouces.

1187. Laque *usé*. — Une boîte de forme rectangulaire, et dont les cinq faces apparentes sont décorées par des groupes composés d'objets de forme cylindrique, attachés par les deux extrémités à des cordons tressés, et auxquels sont suspendus un grand nombre de petits détails qui nous sont inconnus [1].

Cette boîte, que l'on peut regarder comme le chef-d'œuvre de ce genre de laque, est d'une conservation parfaite.

H. 4 pouces 3 lignes. — Longueur, 6 pouces 4 lignes. — Largeur, 3 pouces 8 lignes.

1188. Un coffre à quatre côtes : sur son couvercle est représenté le jeu de *Colin-Maillard*, scène dans laquelle figurent six jeunes garçons richement vêtus.

Ce coffre renferme six boîtes, rangées de manière à former les pétales d'une fleur, et dont les couvercles sont chargés d'ornements : ces boîtes reposent sur un plateau.

Le coffre que nous décrivons est soutenu par

[1] Tous ces objets, dont les détails sont à peine perceptibles, sont exécutés en diverses couleurs et en filets d'or.

quatre pieds; le pourtour de sa fermeture est entouré par deux cercles de méandres.

H. 2 pouces 9 lignes. — Diamètre, 4 pouces 10 lignes.

1189. Un plateau de forme ovale, suspendu à une anse très élevée. Cet objet est en laque rouge à l'extérieur, et le dedans est *laqué* en couleur verte.

H. 7 pouces. — Largeur, 10 pouces et demi.

1190. Deux boîtes, dont les formes sont celles d'un canard couché et qui détourne la tête : les couvercles sont formés par les ailes qui s'enlèvent à volonté : fond brun diapré.*

H. 5 pouces 3 lignes. — Longueur, 9 pouces 9 lignes.

1191. Une bouteille : fond *aventuriné*, couvert de bouquets très bien exécutés, et dont quelques parties imitent la nuance du fer.

H. 7 pouces. — Diamètre, 3 pouces 9 lignes.

1192. Une boîte, forme de coquille bivalve; le fond qui imite la teinte du fer, est chargé de paysages et d'oiseaux qui se détachent en couleur d'or.*

H. 4 pouces 3 lignes. — Largeur, 7 pouces et demi.

1193. Une boîte longue à quatre côtés : son couvercle est orné d'une tige qui supporte trois fleurs épanouies, et son pourtour est *aventuriné*.

H. 1 pouce 8 lignes. — Longueur, 5 pouces 9 lignes. — Largeur, 4 pouces 2 lignes.

1194. Une boîte carrée renfermant un plateau : fond *aventuriné*, chargé de plantes, d'arbustes et de cercles remplis d'ornements.

**Monture orientale en cuivre doré.**

H. 5 pouces. — Longueur, 7 pouces 8 lignes. — Largeur, 7 pouces et demi.

1195. Une boîte rectangulaire : fond mat et *aventuriné*, divisé en cases de damier, et couvert de cercles qui contiennent des fleurs, des lacs et d'autres ornements.

Cette boîte renferme un plateau chargé de deux ovales, l'un rempli par un paysage, et l'autre par des fleurs.

H. 4 pouces 9 lignes. — Longueur, 7 pouces 10 lignes. — Largeur, 5 pouces 7 lignes.

1196. Une boîte de forme carrée, dont le fond imite la peau de *chagrin*; elle est décorée de cinq cartouches qui contiennent des paysages, des animaux et des caisses de fleurs, se détachant sur fond noir.

Cette boîte renferme un plateau.

H. 3 pouces 7 lignes. — Longueur, 4 pouces 9 lignes. — Largeur, 4 pouces.

1197. Une boîte carrée à fond noir : le dessus est orné d'un éventail sur lequel est posée une branche qui porte des fleurs en stéatite et en nacre.

Le pourtour représente des paysages, des oiseaux, etc.

H. 4 pouces.—Diamètre, 4 pouces 3 lignes.

1198. Une boîte de forme hexagone, ornée extérieurement de paysages, maisons et fleurs, se détachant sur fond noir : le reste du champ figure un réseau.

Cette boîte, qui renferme un plateau sur lequel est peint un paysage, contient également six jolies boîtes pyramidales rangées en cercle sur un autre plateau qui se lève au moyen d'un bouton central.

H. 4 pouces. — Diamètre, 8 pouces et demi.

1199. Boîte à éventails : sur son fond, qui est *aventuriné*, se voit un vase chargé d'une tige dont les fleurs imitent la couleur du fer.

H. 2 pouces 9 lignes.—Longueur, 14 pouces. — Largeur, 2 pouces 4 lignes.

1200. Une boîte de forme rectangulaire, à angles rentrants et découpés en parties de cercle.

Elle contient quinze autres petites boîtes qui, ainsi qu'elle, sont chargées de paysages, fleurs et ornements ; le tout repose sur un plateau à huit pieds, dont la décoration est semblable.

H. 10 pouces.—Longueur, 13 pouces.—Largeur, 9 pouces.

1201. Une boîte de forme ronde, à quatre côtes

et garnie d'un couvercle : ses faces sont chargées de fleurs parfaitement imitées.

Cette boîte est doublée en métal doré.

H. 2 pouces. — Diamètre, 2 pouces 3 lignes.

1202. Une boîte de forme rectangulaire, garnie d'un couvercle : son pourtour est décoré de paysages dont les détails sont très finement exécutés.

H. 4 pouces. — Longueur, 6 pouces 3 lignes. — Largeur, 4 pouces.

1203. Une boîte à cinq côtes, garnie d'un couvercle dont le dessus représente un beau vase rempli par un bouquet dont les fleurs sont incrustées de nacre, de corail et de filets d'argent.

Cette boîte contient un plateau ainsi que six jolies boîtes en forme d'éventail, rangées sur un second plateau qui s'enlève au moyen d'un bouton central; les couvercles de ces dernières sont ornés de fleurs, accompagnées de boutons ou de graines figurés par des clous d'argent.

H. 1 pouce 8 lignes.—Diamètre, 4 pouces et demi.

1204. Un coffret de forme oblongue, plaqué à ses quatre angles de pilastres sculptés en ivoire et sur lesquels sont *laqués* des *Dragons* à trois griffes.

Dans les différentes faces de ce meuble sont encastrés neuf bas-reliefs en ébène, représentant des oiseaux de divers genres : des écureuils et des animaux chimériques, des plantes, des fleurs, etc.

Le dessous du couvercle offre sur son centre un espace carré dont les côtés sont remplis par des paysages, des fleurs et des fruits, en partie exécutés en filets d'argent.

Le flanc droit de ce coffret, qui se lève par le moyen d'une coulisse, est orné d'un cartouche contenant un paysage, des figures humaines et d'autres détails, la plupart rendus en filets d'or ou d'argent, avec une finesse d'exécution qui tient du prodige.

Cette plaque recouvre un tiroir, dont le devant présente des décorations analogues à celles que nous venons de décrire, et qui ne leur cèdent point en perfection.

Ce meuble, dont on regrette de ne pouvoir exprimer la beauté, est en outre d'une conservation très remarquable.

H. 7 pouces et demi.—Longueur, 10 pouces 9 lignes.— Largeur, 6 pouces 11 lignes.

1205. Une *cantine* composée des pièces suivantes : une théière. — Une boîte à thé. — Un plateau. — Une grande boîte partagée en quatre divisions.

Les diverses faces de ces objets sont ornées de fleurs, et d'autres espèces d'arabesques rendues avec beaucoup d'art, sur des fonds de couleurs différentes.

<blockquote>H. 10 pouces 11 lignes. — Longueur, 10 pouces 6 lignes. — Largeur, 6 pouces et demi.</blockquote>

1206. Un cabinet, forme d'édifice à deux toits, séparés l'un de l'autre par un petit grillage.

Le devant présente un portique décoré de quatre colonnes; les côtés, divisés en six compartiments, sont également flanqués à leurs angles par des colonnes; l'arrière est orné de bouquets de fleurs.

Ce meuble contient cinq tiroirs : ses différentes faces sont partagées en sections, qui contiennent sur un fond noir, des paysages, des animaux et des fleurs, dont le travail est admirable.

<blockquote>H. 13 pouces. — Longueur, 13 pouces. — Largeur, 11 pouces.</blockquote>

1207. Une *cantine* qui contient les objets suivants : Sept bols avec leurs soucoupes. — Trois soucoupes. — Une boîte de forme longue, remplie de morceaux de bois qui servent, dit-on, à manger le riz.

Cette *cantine*, qui est de forme carrée, à pans coupés, est garnie d'une main et d'une porte à coulisse.

Les divers objets que nous venons de nommer sont en laque rouge, et revêtus extérieurement d'un natté en canne, dont la finesse surpasse tous les ouvrages de ce genre exécutés en Europe.

<small>H. 19 pouces. — Largeur.</small>

1208. Sept pièces en laque rouge-brun. — Deux bols. — Deux assiettes et trois soucoupes, revêtues d'un tissu en canne, comme le sont les objets précédemment décrits.

<small>Hauteur moyenne, 3 pouces et demi.—Diamètre moyen, 8 pouces 8 lignes.</small>

1209. Une boîte carrée, avec charnière et boutons en métal argenté : son couvercle est orné d'un coq et d'une poule, séparés d'un îlot sur lequel croissent un arbre et quelques plantes; sur le fond se voient des oiseaux qui volent.

Le pourtour présente des îlots chargés de plantes et d'oiseaux; l'intérieur, partagé en deux parties, contient une espèce de plateau.

<small>H. 3 pouces 3 lignes. — Longueur, 8 pouces 8 lignes. — Largeur, 6 pouces 2 lignes.</small>

1210. Une boîte de forme rectangulaire, à angles rentrants; le dessus représente un paysage, et l'intérieur contient une monture de nécessaire, en velours vert.

<small>H. 4 pouces 2 lignes. — Longueur, 6 pouces et demi. — Largeur, 3 pouces 3 lignes.</small>

1211. Une boîte à quatre côtes, et garnie de son couvercle : le dessus est orné d'une espèce de panier suspendu à une anse, et qui contient quelques *pastèques*, formées d'incrustations la plupart exécutées en stéatite verte.

H. 2 pouces. — Longueur, 5 pouces 3 lignes. — Largeur, 3 pouces 11 lignes.

1212. Deux boîtes de forme ronde, et garnies de leurs couvercles : les dessus représentent des paysages et des oiseaux; leurs pourtours sont entourés de clous en argent.

H. 1 pouce 5 lignes.—Diamètre, 2 pouces 9 lignes.

1213. Deux boîtes de forme oblongue, et dont les devants sont légèrement bombés.

Ces boîtes sont garnies de charnières et de plaques de boutons en vermeil; chacun des dessus représente un rocher, quelques arbres et des maisons.

H. 5 lignes. — Longueur, 3 pouces 8 lignes. — Largeur, 2 pouces 1 ligne.

1214. Laque rouge. Une espèce de tasse profonde, couverte en dessus par quelques cercles concentriques, unis par des lignes de couleur noire.

H. 3 pouces 1 ligne.—Diamètre, 4 pouces 9 lignes.

1215. Laque rouge. — Une boîte à charnière, s'ouvrant en trois parties; monture en cuivre doré.

H. 6 pouces. — Longueur, 5 pouces 8 lignes. — Largeur, 6 pouces 3 lignes.

1216. Une petite soucoupe dont le dehors est couvert d'ornements; cet objet retourné dans un autre sens, peut former le couvercle d'un vase.

*H. 2 pouces 3 lignes.—Diamètre, 4 pouces 5 lignes.*

1217. Un très beau plat à barbe; fond noir, avec paysage et bordure de fleurs incrustés en burgau.

*Longueur, 13 pouces. — Largeur, 9 pouces et demi.*

1218. Un cabinet à *mains*, de forme rectangulaire, et fermant à deux ventaux.

L'extérieur de ce meuble offre un fond *aventuriné*, chargé de fleurs exécutées au *mat* : le revers de ses ventaux présente des groupes de lettres d'une assez grande dimension.

Le cabinet contient neuf tiroirs ornés par devant de papillons en partie couleur de fer, et en partie laqués en rouge, ou incrustés en nacre. Ces divers objets se détachent sur un champ imitant l'aventurine.

Les montures des tiroirs, représentant des papillons, sont en cuivre argenté, ainsi que l'est tout le reste de la monture.

*H. 13 pouces. — Longueur, 14 pouces. — Largeur, 8 pouces 8 lignes.*

1219. Une boîte de forme rectangulaire; sur son couvercle, sont figurés deux hommes qui regardent un arbre suspendu à moitié sur le haut d'une roche.

Le reste du fond est couvert de grandes fleurs, se détachant sur fond noir.

H. 15 lignes. — Longueur, 3 pouces 8 lignes. — Largeur, 1 pouce 10 lignes.

1220. Une boîte, dont la forme est celle d'un losange; le dessus présente des tiges de fleurs qui croissent auprès d'un rocher.

H. 4 lignes. — Longueur, 3 pouces 2 lignes. — Largeur, 1 pouce 9 lignes.

1221. Une boîte, forme d'éventail; le dessus représente une maison entourée de quelques petits arbres.

H. 6 lignes. — Longueur, 3 pouces. — Largeur, 2 pouces et demi.

1222. Une cuiller; l'intérieur du cuilleron est laqué en rouge, et le reste est chargé d'entrelacs portant une fleur.

Longueur, 11 pouces 2 lignes.

1223. Une boîte ouvrante en deux parties, et dont le dessus représente deux pêches aplaties portées sur une même tige.

Le pourtour de cette boîte est couvert de rochers et des plantes.

H. 3 pouces 9 lignes. — Longueur, 6 pouces 2 lignes. — Largeur, 3 pouces 3 lignes.

1224. Une boîte carrée dont les angles sont arrondis, et qui est élevée sur quatre pieds.

Son intérieur est divisé en quatre compartiments égaux : son extérieur représente des cabanes, des arbres et des fleurs.

<small>H. 3 pouces. — Longueur, 5 pouces 3 lignes. — Largeur, 4 pouces 9 lignes.</small>

1225. Une boîte de forme rectangulaire: le couvercle est entouré d'une bordure festonnée, remplie de fleurs [1] ; son centre est occupé par un vase très large, sur lequel pose un débris de rocher : ce dernier supporte des fleurs dont les pétales sont incrustés de filets d'or et d'argent.

Dans le fond, est un paysage éclairé par la lune et coupé par les eaux ; on y remarque des maisons ainsi qu'une volée d'oiseaux aquatiques. Le dessus de cette belle boîte est couvert d'enroulements de fleurs, et les côtés par des méandres.

<small>H. 1 pouce. — Longueur, 8 pouces. — Largeur, 3 pouces 8 lignes.</small>

1226. Une boite dont le dessus représente une pêche aplatie; son pourtour, *laqué* en *mat*, est orné de tiges de fleurs qui se détachent sur lui par un éclat assez brillant.

Cette boîte contient un plateau sur lequel on voit un paysage.

<small>H. 13 lignes. — Diamètre, 2 pouces 8 lignes.</small>

[1] La même bordure est répétée au-dessus de ce couvercle.

1227. Une boîte carrée à angles rentrants ; le dessus présente une maison et quelques arbres.

    H. 13 lignes.—Diamètre, 2 pouces.

1228. Une boîte à quatre côtes; son fond est couvert d'un réseau, interrompu dans quelques parties par des couronnes en feuillage.

    H. 1 pouce 10 lignes.— Longueur, 3 pouces.—Largeur, 2 pouces et demi.

1229. Une boîte forme de baril, garnie de son couvercle et doublée en métal; fond *aventuriné*, couvert de feuillages au *mat*.

    H. 1 pouce 10 lignes.— Longueur, 3 pouces. — Largeur, 2 pouces et demi.

1230. Même forme que la précédente : cette boîte s'ouvre en trois parties, et son extérieur est orné de *nœuds* sur fond *aventuriné*.

    H. 2 pouces 3 lignes.—Diamètre, 1 pouce 9 lignes.

1231. Modèle d'une pagode; sa forme est carrée, les portes se ferment à coulisse et les fenêtres en sont grillées.

    Cet objet repose sur un soubassement posant sur quatre pieds, et qui est entouré d'une petite balustrade; ses diverses parties, à l'exception du double toit dont il est couvert, sont chargées d'ornements se détachant sur fond noir.

    H. 15 pouces.—Longueur, 8 pouces 9 lignes. —Largeur, 8 pouces.

1232. Une boîte qui figure deux formes du même genre, accolées ensemble, et dont le couvercle de l'une recouvre en partie celui de l'autre.

Cet objet est répété : sur leurs couvercles sont figurées une espèce de fleur, ainsi qu'une grosse racine qui porte une tige.

L'une de ces boîtes est montée en or; la garniture de la seconde n'existe plus.

H. 4 pouces. — Largeur, 5 pouces 9 lignes. — Diamètre, 3 pouces 7 lignes.

1233. Une espèce de burette, élevée sur piédouche, et posant sur un plateau de forme octogone : elle est ornée de paysages et de bouquets de fleurs, qui se détachent sur fond noir.

H. 6 pouces. — Diamètre du plateau, 5 pouces 2 lignes.

1234. Une tasse et sa soucoupe; elles sont ornées, la première par une plante, et la seconde par un paysage entouré d'enroulements circulaires.

H. 2 pouces 3 lignes. — Diamètre de la soucoupe, 5 pouces 4 lignes.

1235. Une boîte ovale, fond vert, ornée de cinq papillons parfaitement *laqués*; cette boîte paraît être du genre de celles qui ont été imitées par *Martin*.

H. 14 lignes. — Longueur, 2 pouces 5 lignes. — Largeur, 1 pouce et demi.

1236. Laque *usée*. — Un plateau élevé sur cinq pieds légèrement cambrés : ce plateau, dont la forme est festonnée à cinq côtes, est décoré de feuillages et de rameaux.

H. 2 pouces 9 lignes. — Diamètre, 5 pouces 4 lignes.

1237. Une boîte octogone, avec son couvercle garni d'un bouton; ses faces sont contournées par un paysage en partie bordé par les eaux.

H. 2 pouces 9 lignes.—Diamètre, 2 pouces 4 lignes.

1238. Une boîte hexagone et de forme très applatie : le dessus représente une portion de treillage en bambou, sur lequel s'enlace une plante grimpante dont les fleurs sont en argent et en stéatite.

Son intérieur est orné de deux autres plantes : l'une d'elles porte des fleurs accompagnées de clous d'argent.

H. 8 lignes. — Diamètre, 4 pouces.

1239. Un plateau dont l'intérieur représente des fleurs sculptées en bas-relief, et qui se détachent sur fond rouge.

H. 1 pouce et demi. — Diamètre, 8 pouces et demi.

1240. Un bol, dont le fond est occupé par quatre figures assises et qui ont près d'elles une théière et d'autres objets : Sa bordure représente une belle guirlande de fleurs.

L'extérieur est contourné par un paysage dans lequel on voit des gens qui labourent; des hommes qui marchent à la file et transportent des marchandises, des barques qui voguent, etc., etc.

H. 3 pouces 7 lignes.—Diamètre, 6 pouces 8 lignes.

1241. Deux petites boîtes, forme d'éventail : les dessus représentent des bouts de paysages.

H. 1 pouce.—Longueur, 2 pouces 1 ligne.

1242. Deux petites boîtes rondes, garnies de leurs couvercles : fond *mat*, chargé de couronnes de fleurs.

H. 1 pouce. — Diamètre, 1 pouce 5 lignes.

1243. Une boîte, forme d'éventail : elle est ornée de rameaux chargés de fleurs en or, en argent et en burgau, se détachant sur fond sablé.

Cette boîte, s'ouvre en deux et en contient deux autres qui sont renfermées dans sa partie inférieure.

H. 1 pouce 9 lignes.—Largeur, 3 pouces 3 lignes.

1244. Une boîte longue à quatre côtes ; le dessus représente un paysage baigné par les eaux : le pourtour est chargé de fleurs qui se détachent sur un fond ponctué.

Cette boîte contient un plateau orné de deux branches de fleurs.

H. 13 lignes.—Longueur, 3 pouces 7 lignes. — Largeur, 2 pouces 9 lignes.

1245. Une boîte dont la forme représente deux

losanges à angles arrondis, dont l'un est en partie inséré sur le côté de l'autre.

Sur le couvercle est représenté un homme couché sur une très grande feuille d'arbre; le pourtour est orné d'oiseaux, de plantes, etc.

<small>H. 4 pouces 4 lignes. — Longueur, 7 pouces. — Largeur, 3 pouces et demi.</small>

1246. Une boîte de même forme que la précédente, et qui contient deux tasses en porcelaine blanche, encastrées dans une monture en velours vert.

Le couvercle est sablé sur une de ses parties; sur l'autre, on voit un paysage dans lequel sont deux biches et un cerf. Le pourtour de cette boîte est en partie moiré; l'autre représente des plantes de genres différents.

<small>H. 3 pouces 9 lignes. — Longueur, 7 pouces. — Largeur, 3 pouces et demi.</small>

1247. Une boîte de forme hexagone, enfermant un plateau et trois boîtes en forme de losange: ces dernières posent sur un second plateau, qui s'enlève au moyen d'un bouton central.

Cette boîte est ornée de maisons, d'arbres, de rochers, d'oiseaux, de bouquets et de plantes diverses.

<small>H. 2 pouces 9 lignes. — Diamètre, 5 pouces.</small>

1248. Une boîte de même forme que la précédente, et qui contient un plateau.

OUVRAGES ORIENTAUX. 277

Sur le couvercle est figuré un paysage : les faces contiennent huit cartouches remplis par des animaux de forme existante, et de forme chimérique : le reste du champ est occupé par des bouquets, des paysages, un charriot dételé, etc.

H. 2 pouces 10 lignes. — Diamètre, 5 pouces 3 lignes.

1249. Une boîte de forme rectangulaire : elle est décorée par des fleurs inscrites dans un grillage en losange : ce dernier est masqué dans quelques parties par une tige d'arbuste, et par des cercles qui contiennent des éventails.

Cette boîte renferme un plateau, sur lequel est un écueil chargé d'arbres et de maisons de bambou.

H. 5 pouces 3 lignes.—Longueur, 15 pouces.—Largeur, 1 pied.

1250. Une boîte de forme rectangulaire, dont le devant est légèrement bombé, et qui est percée à jour sur trois de ses faces.

Cette boîte, dont l'extérieur est orné de paysages et de figures, s'ouvre sur le côté, et renferme le modèle d'un lit en natte tressée.

H. 4 pouces 9 lignes. — Longueur, 9 pouces et demi. — Largeur, 4 pouces 3 lignes.

1251. Une boîte de forme ronde et aplatie : son fond, qui est *aventuriné*, contient des encadrements circulaires, remplis de plusieurs groupes de caractères et d'oiseaux; le reste du champ est orné de tiges d'arbustes, etc.

H. 2 pouces 9 lignes. — Diamètre 4 pouces et demi.

1252. Un cabinet de forme rectangulaire, garni d'une monture orientale en cuivre doré.

Ce cabinet s'ouvre à deux battants, et contient six tiroirs; son couvercle représente deux personnages accompagnés d'un chien, et prenant le plaisir de la chasse à l'oiseau; ses autres faces, ainsi que le devant des tiroirs, sont chargés de paysages, d'arbustes et de plantes.

H. 10 pouces et demi. —Longueur, 13 pouces. —Largeur, 9 pouces.

1253. Un coffre en bois de santal, avec sa monture de fabrique orientale en argent.

Ce coffre s'ouvre à un seul battant, et contient sept tiroirs également montés en argent; les faces de ce coffre, ainsi que le devant des tiroirs, sont ornés de fleurs et d'oiseaux, *laqués* avec quelques détails en couleur rouge.

H. 1 pied. — Largeur, 11 pouces 1 ligne.

1254. Un bol : son fond est décoré d'une fleur portée sur sa tige; sur le pourtour sont trois tiges en or et en rouge, se détachant sur fond noir.

H. 2 pouces 1 ligne. — Diamètre, 4 pouces 11 lignes.

1255. Un nécessaire, partagé en cinq étuis : sur

son fond, qui est noir, sont représentées des fleurs en or, et en filets de burgau.

Cet objet est garni de deux bélières qui sont également *laquées*.

H. 6 pouces.—Diamètre, 1 pouce 8 lignes.

1256. Un plateau carré, à angles rentrants : sur le fond, qui est *aventuriné*, se voient quelques maisons de bambou, élevées sur des rochers situés au bord de l'eau.

Longueur, 7 pouces 1 ligne.—Largeur, 6 pouces et demi.

1257. Une boîte de forme ronde, *laquée* en noir : l'intérieur contient sept petites boîtes, également rondes, dont les couvercles supportent des animaux et des fleurs ; ces ornements, qui sont d'un relief très prononcé, paraissent être revêtus de feuilles épaisses en or et en argent.

Deux objets du même genre sont placés sur le couvercle de cette boîte.

H. 3 pouces. —Diamètre, 4 pouces 10 lignes.

1258. Une boîte en forme de *nœud* : elle s'ouvre en deux parties, et ses faces sont recouvertes de fleurs et d'ornements qui forment une espèce de réseau.

H. 5 pouces 10 lignes. — Longueur, 6 pouces et demi. — Largeur, 4 pouces.

1259. Deux boîtes de forme ovale un peu renflée sur un côté : leur décoration, qui est semblable, figure un bout de roche baigné par une masse d'eau sur laquelle voguent trois jonques.

H. 14 lignes.

1260. Deux boîtes de forme carrée ; les dessus sont ornés de médaillons circulaires, remplis de feuillages qui se détachent sur un fond carrelé en couleur de fer.

Les côtés offrent un fond *mat*, couvert de lignes enroulées.

H. 14 lignes.—Diamètre, 2 pouces et demi.

1261. Deux boîtes, dont la forme est celle d'une espèce de *tonne*, et qui sont doublées soigneusement en métal doré.

Les couvercles et les contours extérieurs en sont noirs, chargés de fleurs et d'autres ornements en couleur d'or.

H. 3 pouces et demi. — Diamètre, 2 pouces 2 lignes.

1262. Une boîte, dont le dessus représente un instrument de musique, garni de treize cordes figurées en filets d'or ; sur elles sont semées des feuilles de bambou.

Cette boîte qui pose sur quatre pieds, contient trois autres boîtes ornées de fleurs.

H. 1 pouce, — Longueur, 6 pouces 10 lignes. — Largeur, 2 pouces 2 lignes.

1263. Une boîte rectangulaire, partagée en quatre divisions : sur le couvercle et les faces sont représentés des insectes et des rameaux de fleurs, se détachant sur fond *aventuriné*.

<small>H. 1 pouce 9 lignes. — Longueur, 8 pouces 1 ligne. — Largeur, 2 pouces 4 lignes.</small>

1264. Une boîte de forme ovale aplatie : elle s'ouvre en cinq parties. Ses faces extérieures représentent des rochers et quelques touffes de fleurs.

<small>H. 9 lignes. — Longueur, 2 pouces 8 lignes. — Largeur, 2 pouces.</small>

1265. Une boîte de même forme que la précédente, et qui s'ouvre également en cinq parties.

Son pourtour représente quelques bouts de paysages.

<small>H. 3 pouces 4 lignes. — Longueur, 1 pouce 8 lignes. — Largeur, 13 lignes.</small>

1266. Un plateau, forme de papillon : le fond est orné d'un bout de paysage baigné par l'eau.

<small>H. 3 lignes. — Longueur, 5 pouces. — Largeur, 2 pouces 5 lignes.</small>

1267. Une espèce de brancard garni de quatre mains : cet objet est orné en dedans et en dehors de plantes et de cercles, dont quelques parties, en couleur de fer, se détachent sur un fond *aventuriné*.

<small>H. 4 pouces 5 lignes. — Longueur, 19 pouces. — Largeur, 9 pouces.</small>

1268. Deux boîtes en forme d'éventail; les couvercles et les côtés représentent des paysages.

> H. 1 pouce et demi. — Longueur, 3 pouces 4 lignes. — Largeur, 2 pouces 7 lignes.

1269. Deux plateaux de forme ronde; les bords intérieurs sont *aventurinés*, et le fond représente un groupe de maisons en partie baignées par l'eau.

> H. 13 lignes.—Diamètre, 10 pouces.

1270. Une boîte de forme haute, à quatre faces bombées, et qui offre des angles rentrants.

Cette boîte est doublée en métal doré; son couvercle, qui est garni d'un bouton en ivoire, est orné de paysages qui se détachent en or sur un fond brun.

> H. 3 pouces et demi. —Diamètre, 2 pouces 4 lignes.

1271. Un plateau de forme allongée et découpée à quatre festons; le bord intérieur est aventuriné : sur le fond se voit un bout de paysage, dans lequel sont deux lapins.

> H. 6 lignes. — Longueur, 7 pouces 7 lignes. — Largeur, 4 pouces 4 lignes.

1272. Laque *usée*. — Une petite table élevée sur quatre pieds : fond noir, chargé de figures, de bouts de paysages, et de lignes sinueuses en or.

> H. 4 pouces. —Longueur, 10 pouces et demi. — Largeur, 6 pouces 10 lignes.

1273. Une boîte de forme carrée : l'intérieur contient une écritoire en métal ciselé et doré, ainsi qu'une table en marbre, destinée à délayer l'encre.

Les faces extérieures sont ornées de parties de paysages.

H. 1 pouce 9 lignes. — Longueur, 9 pouces 4 lignes. — Largeur, 8 pouces et demi.

1274. Laque *usée*. — Un dessus de boîte de forme carrée : sur le fond qui est noir, sont jettés des *chasse-mouches*, des écrans à main, et plusieurs autres objets qui sont rendus avec toute la perfection que présente le travail de la boîte décrite sous le n° 1187.

H. 11 lignes. — Longueur, 8 pouces 9 lignes. — Largeur, 8 pouces.

1275. Un vase, forme de soupière; son intérieur est *aventuriné*, et son pourtour, qui offre un fond noir, est couvert d'un réseau interrompu par des cercles remplis de feuilles et de fleurs.

H. 6 pouces et demi. — Diamètre, 10 pouces et demi.

1276. Un nécessaire, dont la forme ressemble un peu à celle d'une caisse de violon.

L'intérieur contient deux plateaux sur lesquels sont établies des formes qui reçoivent un grand nombre d'objets; le couvercle, partagé en long par un bâton de bambou, est chargé d'oiseaux, de paysages et d'enroulements, qui se détachent sur fond noir. Le contour extérieur offre un feuillage en or, ainsi que des fruits de couleur rouge interrompant un réseau dont les mailles sont remplies de fleurs.

H. 5 pouces 9 ligne. — Longueur, 15 lignes. — Largeur, 10 pouces 5 lignes.

1277. Une boîte carrée, fermant à charnière, et dont l'intérieur est *aventuriné*.

Ses faces extérieures représentent des fragments de paysages.

H. 5 pouces 7 lignes. — Longueur, 14 pouces 9 lignes. — Largeur, 1 pied.

1278. Une boîte carrée, avec charnière et plaque de serrure en cuivre doré.

Le dessus est orné de deux coqs, dont l'un cherche sa nourriture sur la terre.

H. 4 pouces 4 lignes. — Longueur, 13 pouces et demi. — 10 pouces et demi.

1279. Une boîte carrée, fond noir, charnière et plaques de fermeture en cuivre argenté.

Le dessus représente trois enfants, dont l'un paraît offrir un petit poisson à un chien tenu en laisse.

H. 4 pouces 3 lignes. — Longueur, 14 pouces. — Largeur, 10 pouces et demi.

1280. Une boîte carrée : fond noir.

Le dessus est orné d'un coq, d'une poule et

de deux poulets, groupés près d'une touffe de bambous.

H. 7 pouces et demi. — Longueur, 1 pied. — Largeur, 9 pouces.

1281. Un cabinet, dont le battant s'abaisse en avant : ce meuble est garni de huit tiroirs dont les devants sont ornés de feuillages en or et en burgau, se détachant sur fond noir.

L'extérieur est divisé par des compartiments en burgau, qui sont remplis d'oiseaux et de fleurs : quelques parties du fond sont sablées de burgau.

Monture orientale, en cuivre.

H. 6 pouces.—Longueur, 8 pouces 10 lignes.—Largeur, 8 pouces 3 lignes.

1282. Une espèce de soupière : fond noir, couvert d'éventails laqués en couleur d'or.

Cet objet porte une monture européenne, en cuivre ciselé et doré.

H. 13 pouces. — Diamètre, 16 pouces et demi.

1283. Une théière : fond noir, chargé de feuillages et de fruits en partie *aventurinés*, et partie en couleur de fer.

H. 7 pouces. — Diamètre, 8 pouces.

1284. Une théière : fond noir, chargé de feuillages qui sont en partie *aventurinés*.

H. 7 pouces 2 lignes.—Diamètre, 7 pouces 9 lignes.

1285. Deux flacons de forme carrée : leurs faces sont ornées de fleurs et de bambous, en partie *aventurinés* sur fond noir.

H. 10 pouces. — Diamètre, 4 pouces.

1286. Deux coupes de forme ronde : sur l'extérieur sont figurés un cercle et des branches, se détachant en partie en couleur de fer sur fond *aventuriné*.

Des objets analogues sont représentés sur les couvercles.

H. 2 pouces. — Diamètre, 4 pouces et demi.

1287. Deux peignes, dont le haut est légèrement cintré : le fond de l'un est verdâtre et chargé d'un papillon en or; l'autre, dont le fond est *mat*, contient des ornements, en partie couleur de fer.

Ces sortes d'objets sont fort rares dans les collections de laques.

Hauteur moyenne, 1 pouce 9 lignes.—Largeur moyenne, 3 pouces et demi.

1288. Une boîte carrée : fond en partie noir et en partie *aventuriné*. Le fond noir est chargé de cercles accolés contenant des fleurs; l'autre est couvert de feuillages, de cercles et de fleurs *laqués* au *mat*.

H. 8 pouces.—Longueur, 10 pouces.—Largeur, 6 pouces 10 lignes.

1289. Boîte carrée : le pourtour et le couvercle en

sont *aventurinés*, avec feuillages au *mat*, et cerclés en couleur de fer.

<small>H. 5 pouces 7 lignes. — Longueur, 10 pouces.—Largeur, 7 pouces 10 lignes.</small>

1290. Boîte en forme de chaumière à jour, soutenue par quatre piliers. Sa partie inférieure contient deux tiroirs remplis chacun par quatre boîtes, dont les dessus, à fond noir, sont *laqués* de fleurs en or.

L'extérieur de ce meuble est couvert de feuillages, sur fond en partie *aventuriné*.

<small>H. 7 pouces et demi. — Largeur, 6 pouces 7 lignes. — Profondeur, 4 pouces 7 lignes.</small>

1291. Un cabinet en ébène, contenant un tiroir et deux étagères; avec dessus en lumachelle grise, et monture européenne en cuivre ciselé et doré.

La porte en est fermée par un panneau de laque, sur lequel est figuré un vase à deux anses, rempli par un bouquet de fleurs.

<small>H. 3 pouces 15 lignes. — Largeur, 2 pieds 5 lignes. — Profondeur, 14 pouces 3 lignes.</small>

1292. Un cabinet à deux ventaux, avec monture en cuivre doré.

Ce meuble contient deux grands tiroirs : l'un rempli par trois autres tiroirs et cinq casiers ; l'autre contenant quatre tiroirs et quatre casiers : les devants en sont noirs et chargés de plantes, ainsi que de fleurs en or.

Lesfaces de ce meuble offrent des paysages, des plantes isolées et des maisons, contenus entre des bordures en partie *aventurinées*.

Socle en ébène.

<small>H. 13 pouces. — Largeur, 16 pouces 9 lignes. — Profondeur, 11 pouces 8 lignes.</small>

1293. Laque *usée* : un meuble qui contient une armoire à deux ventaux, trois tiroirs et des espaces à jour, destinés à recevoir des vases ou d'autres objets.

Fond noir, enrichi de paysages, et monture orientale en cuivre doré.

<small>H. 3 pieds et demi. — Largeur, 2 pieds 7 pouces. — Profondeur, 13 pouces et demi.</small>

### DESSINS ET GRAVURES.

1294. Un volume couvert en bois, contenant douze études de paysages : ces dessins exécutés à l'encre de la Chine, présentent quelques parties qui sont légèrement coloriées.

<small>H. 6 pouces 2 lignes.—Largeur, 10 pouces.</small>

1295. Un volume relié en carton et couvert de soie jaune : il contient vingt-trois gravures en bois, parmi lesquelles on distingue des laboureurs, des tisserands, etc. Ces gravures sont précédées d'un texte.

<small>H. 13 pouces. — Largeur, 1 pied 6 lignes.</small>

1296. Une large bande, partie en soie écrue, bordée de soie blanche moirée.

Les sujets qui sont représentés sur ce morceau d'étoffe, paraissent avoir tous rapport aux voyages et aux divertissements de campagne de l'empereur de la Chine : ils sont accompagnés d'un texte sur papier, appliqué sur la partie gauche de cette belle suite de peintures.

H. 13 pouces 9 lignes.—Largeur, 13 pieds.

1297. Un volume *in-folio* couvert en soie jaune. Ce volume contient une carte topographique de la province de *Yun-nan*, divisée par départetements, avec une description succincte des principaux lieux qui y sont marqués. [1]

1298. Une large bande de papier, sur laquelle sont dessinés en couleur douze groupes d'hommes et de femmes (*Spintriennes*).

H. 7 pouces.—Largeur, 7 pieds 7 pouces.

1299. Une autre bande de papier, contenant douze groupes coloriés, composés d'hommes et de femmes (*Spintriennes*).

H. 11 pouces 8 lignes.—Largeur, 15 pieds 5 pouces.

1300. Une bande de papier glacé, imitant la soie moirée ; on y a collé à des distances égales, et sur deux hauteurs, douze groupes d'hommes et de femmes, formés de cartonnages recou-

[1] Note communiquée par M. Abel-Rémusat.

verts de belles étoffes, et qui se détachent en bas-relief ( *Spintriennes* ).

H. 11 pouces.—Largeur, 3 pieds 8 pouces.

1301. Un volume renfermé dans un étui et contenant quinze dessins coloriés sur une belle étoffe en soie ; ces sujets sont accompagnés d'un texte ( *Spintriennes* ).

H. 7 pouces.—Largeur, 8 pouces et demi.

1302. Deux dessins coloriés; l'un représente un oiseau perché sur la tige d'une fleur; l'autre deux groupes de figures (*Spintriennes*).

Hauteur moyenne, 1 pied. — Largeur, 8 pouces et demi.

### VÊTEMENTS ET CHAUSSURES.

1303. Un bonnet de mandarin, en velours noir, surmonté d'une houppe en soie verte.

1304. Une robe à manches, en très beau crêpe bleu.

1305. Une robe à manches, en crêpe violet.

1306. Une robe en crêpe violet, avec broderies et dorures : sur le devant est représenté un oiseau aquatique parfaitement brodé en soie de couleur.

1307. Soie vert-pomme, brochée. — Une robe d'enfant, dont les extrémités sont peintes et dorées.

1308. Soie lilas-clair. — Une robe du même genre que la précédente.

1309. Soie bleue. — Un petit tapis, avec ornements frappés en or.

1310. Un *lé* d'étoffe en soie bleue, couvert de figures, d'édifices et de paysages; le tout brodé au *passé*, en soie de couleur.

1311. Soie bleue. — Une espèce de *doliman* d'enfant, avec ornements peints et dorés.

1312. Soie violette. — Autre vêtement, de forme semblable au précédent.

1313. Soie jaune. — Un morceau d'étoffe, brodé en gros bleu foncé, et dont le centre est occupé par le dragon impérial et d'autres accessoires.
Cet ouvrage, exécuté en couleur et en or, en partie tissu dans la trame et en partie brodé, est un objet précieux dans ce genre de travail.

1314. Coton bleu. — Une pièce d'étoffe, brodée en soie.

1315. Deux *lés* d'une étoffe très finement tissue avec des bandes de papier : on y voit un coq de diverses couleurs, et qui est représenté perché sur une roche.

1316. Deux bottes à semelles épaisses : leurs tiges en soie, partie blanche et partie bleue, sont ouatées, piquées, brochées et dorées.

1317. Une paire de souliers de femme : elle est couverte de paillettes et de broderies en or et en argent.

1318. Une paire de souliers de femme. — Fond de velours violet, avec broderies et paillettes en or.

1319. Une paire de souliers de femme. — Fond d'étoffe en laine rouge, avec broderies en or.

1320. Une paire de souliers de femme. — Fond entièrement recouvert d'une broderie d'or.

1321. Une paire de souliers à grosses semelles. — Fond de soie noire, brodé en soie de couleur.

1322. Une paire de souliers de même genre que les précédents. — Fond de soie noire, brodé en soie de couleur.

1323. Une paire de bottes en soie ouatée. — Fond bleu et blanc, et le haut brodé.

1324. Une paire de bottes à grosses semelles. — Fond de soie noire.

### OBJETS DIVERS.

1325. Bois verni. — Une *pagode*, de forme ovale, et qui s'ouvre à deux battants.

Son intérieur contient une figure accroupie, et les mains posées sur les genoux : elle est élevée sur une haute estrade richement décorée, et sa tête se détache sur un ornement ovale qui lui sert de fond.

Ces diverses sculptures sont dorées.

H. 13 pouces. — Largeur, 5 pouces 10 lignes. — Profondeur, 4 pouces 7 lignes.

1326. Métal *laqué*. — Une bouilloire avec son réchaud.

H. 11 pouces. — Diamètre, 8 pouces.

1327. Une petite *pagode* en bois, s'ouvrant des deux côtés par quatre ventaux.

L'intérieur contient trois petites figures sculptées dans des grains de riz, et qui ont près d'elles une autre figure travaillée en bois. Ces ouvrages qui attestent la patience chinoise, sont placés entre deux verres.

H. 3 pouces 4 lignes.— Largeur, 2 pouces.—Profondeur. 1 pouce 1 ligne.

1328. Une tasse et sa soucoupe, qui paraissent être plaquées en argent *mat*.

H. 20 pouces.—Diamètre de la soucoupe, 2 pouces 9 lignes.

1329. Un *oursin*, monté en petit vase : son couvercle est orné d'une rosace dont le centre forme une fleur dorée.

H. 1 pouce 11 lignes.—Diamètre, 3 pouces 8 lignes.

1330. Trois tasses doublées en argent, et dont l'extérieur est orné de reliefs formés d'une espèce de cartonnage *laqué* en rouge.

H. 2 pouces et demi. —Diamètre moyen, 3 pouces 9 lignes.

1331. **Bois de fer.** — Une pipe dont le fourneau et l'embouchure sont en métal composé.

Longueur, 14 pouces.

---

## MÉLANGES.

1332. Un livre d'heures; manuscrit sur vélin, orné de miniatures, et qui paraît avoir été exécuté en Allemagne, dans le courant du seizième siècle.

Ce livre est composé de deux cent vingt et un feuillets : les treize premiers contiennent un calendrier qui indique les fêtes célébrées par l'Église : le haut de chacun d'eux est orné de l'un des signes du zodiaque, et sur le bas est peinte une vignette qui rappelle les plaisirs ou les travaux du mois auquel il appartient [1].

Le reste de ce volume contient le texte ordinaire de ce genre d'ouvrage, ainsi que dix-neuf belles peintures rehaussées d'or et dont les sujets appartiennent presque tous à la vie de Jésus-Christ : en regard de chacune des peintures, et autour d'un texte encadré, sont représentés des sujets dont quelques-uns sont pieux et les autres très bizarres; la marge des

[1] La première et la dernière de ces pages ne sont peintes que d'un seul côté.

autres pages est chargée de fleurs, de fruits, et d'animaux de formes réelles et chimériques.

Cet objet, l'un des plus beaux et des mieux conservés parmi ceux de ce genre, est relié en velours rouge; les angles de sa couverture sont décorés par des plaques en argent doré, figurant des têtes de chérubins; le devant de sa fermeture, qui est en même métal, contient un médaillon représentant la tête du Christ, peinte en miniature et couverte par un cristal [1] : ses tranches sont dorées et frappées de *postes* et de linéaments divers.

H. 4 pouces.—Longueur, 2 pouces 11 lignes.—Epaisseur, 15 lignes.

1333. Cristal de roche. — Un fort beau lustre à huit bougies, orné d'*amandes* de grandes dimensions et de formes diverses, ainsi que d'une grosse boule qui en termine le bas.

Ce lustre est monté en cuivre doré.

1334. Mosaïque de Florence, nommée par les Italiens, *Lavoro di Commesso*.

Une plaque de forme rectangulaire, incrustée de jaspe et de lapis-lazuli : on y voit un perroquet perché sur une branche de cerisier,

[1] Sur les côtés de cette fermeture sont gravés des aigles couronnés, et le bas du côté droit de la couverture est garni d'un anneau attaché au-dessus d'une tête d'enfant.

dont il mange le fruit; le fond est orné de deux insectes qui volent.

<small>H. 5 pouces 3 lignes. — Largeur, 8 pouces 2 ligne.</small>

1335. Laves du Vésuve :

Plaque de forme rectangulaire , avec incrustation en laves de diverses couleurs et qui représentent une éruption du Vésuve : la vue est prise en partie du côté de la *Somma*, la seconde tête de ce volcan.

<small>H. 3 pouces 10 lignes. — Largeur, 5 pouces 4 lignes.</small>

1336. Deux bordures oblongues, et qui étaient destinées à contenir des objets de forme ovale : elles sont décorées de sculptures et de filets en ébène, en ivoire et en écaille.

<small>H. 10 pouces 1 ligne. — Largeur, 6 pouces 11 lignes.</small>

1337. Ancienne porcelaine de Saxe. — Un *déjeuner* composé de treize pièces de couleur brune.

On assure que ces pièces sont très anciennes et qu'elles ont été exécutées par un électeur de Saxe, qui s'occupait de ce genre d'ouvrage.

1338. Douze mannequins coloriés, dont les costumes sont imités d'après ceux des paysans du royaume de Naples : ces diverses figures qui peuvent prendre toutes les attitudes du corps humain, sont ici groupées autour d'une table, et paraissent écouter un vieillard assis : cette composition est couverte d'une cage en glace.

<small>Hauteur des figures, 17 pouces. — Hauteur de la cage, 18 pouces. — Largeur, 3 pieds 8 pouces. — Profondeur, 18 pouces.</small>

1339. Un écritoire en burgau, avec un plateau en même matière, et monture en cuivre doré.

<small>H. 2 pouces 8 lignes. — Largeur du plateau, 5 pouces 10 lignes.</small>

1340. Terre cuite.—Cinq figures humaines, de formes très aplaties et chargées de caractères grecs.

Ces figures, dont les analogues se retrouvent dans divers cabinets, sont dues à des faussaires ignorants, qui cherchent souvent à les faire passer pour des ouvrages *Druses.* *

1341. Argent. — Statuette de travail mexicain : elle représente une figure monstrueuse, debout, et tenant cinq tiges de *maïs.*

<small>H. 20 lignes.</small>

1342. Jade vert. — Idole péruvienne, représentant un homme debout : l'un de ses yeux est revêtu d'une plaque en nacre. *

<small>H. 4 pouces 10 lignes.</small>

1343. Jade vert.—Jade blanc.—Basalte.—Quatre idoles péruviennes.

1344. Terre cuite. — Huit idoles de travail péruvien.

1345. Terre cuite vernie. — Un vase en forme de singe accroupi : travail mexicain. *

H. 10 pouces.

1346. Un tapis de table en laine coloré : ouvrage exécuté au Mexique.

1347. Basalte noir. — Une idole de forme très grossière : travail mexicain.

Cette idole est élevée sur un modèle exécuté en Serpentine, et dont la forme rappelle celle du monument de *Cholula* [1].

Hauteur totale, 15 pouces 5 lignes.

1348. Terre cuite coloriée. — Une chouette à laquelle est attachée une anse.

1349. Basalte. — Un *fétiche*, sous la forme d'un homme accroupi. *

7 pouces 3 lignes.

1350. Terre cuite. — Deux vases de forme ronde comprimée ; l'un d'eux est surmonté d'une tête humaine, et l'autre d'un goulot formant un sifflet ; travail péruvien. *

H. 6 pouces 9 lignes. — Largeur, 7 pouces 3 lignes.

---

[1] MM. de Humboldt et Bonpland, *Voyage aux régions équinoxiales*, etc. Atlas, pl. 7.

1351. Une coupe sculptée en creux, formée par la moitié d'un coco : ouvrage exécuté par les sauvages.

1352. Une boîte, formée par une tête humaine, portant une longue barbe et une chevelure épaisses et prises dans les filaments du bois.
Cet objet est fabriqué par les sauvages. *

1353. Trois boîtes gravées, formées par des espèces de coloquintes, et qui sont remplies de poudre à *tatouer*.

1354. Deux grandes flûtes en roseaux et qui sont percées de cinq trous; ouvrages des sauvages.*

1355. Bois. — Trois fétiches de forme humaine; l'un d'eux est chargé d'amulettes en os. *

1356. Fer sulfuré. — Morceau de forme hémisphérique, et dont la tranche qui est polie, paraît avoir servie de miroir.
Diamètre, 3 pouces.

1357. Peau brune, brodée avec soin en plumes de couleurs. — Une paire de chaussures, un sac, et le vêtement inférieur d'un homme.
Ces objets ont été fabriqués par les Canadiens.

1358. Cinq grands morceaux d'étoffes, formés du *liber* et des couches corticales de quelques arbres: ces étoffes sont imprimées en couleur à l'imitation des toiles d'Europe. (Iles Sandwich.)

1359. Bois. — Un instrument à vingt touches, se frappant avec deux petits marteaux, et garni en dessous de coloquintes vides, qui répercutent un son assez harmonieux.

Cet instrument appartient aux naturels des bords de la Gambie.

1360. Un panier en jonc, orné de broderies en pareille matière. * ( Nouvelle-Zélande. )

1361. Ouvrages exécutés par divers peuples sauvages.

Un chapeau tressé en jonc. — Sept paniers tissus en jonc, et dont quelques-uns sont coloriés. — Trois *garde-vue* de sauvages, en membranes d'animaux et montés en jonc. — Un chapeau en jonc.* — Trois grands bassins en bois et qui posent chacun sur quatre pieds. — Un siége en bois, élevé sur quatre pieds.* — Cinq *chasse-mouches*. — Cuillers, colliers, étoffes, etc. — Un double éventail en feuilles de palmier, objet fabriqué avec beaucoup d'adresse et d'intelligence* etc., etc.

1562. Bois. — Une figure monstrueuse qui était placée à l'avant d'une pirogue des naturels de la Nouvelle-Hollande. *

H. 21 pouces 3 lignes.

1363. Un bras de *Gouanche*. *

1364. Un *Ouaral*, sorte de petit crocodile.

1365. Un jeune éléphant empaillé.
    H. 21 pouces. L. 2 pouces 4 lignes.

1366. Un taureau et trois vaches, petits modèles recouverts de peaux très bien ajustées.

1367. Un cadre en bois, contenant des fleurs et des feuilles, dont le *parenchyme* a été détruit par les fourmis ou par le moyen des acides.

## OBJETS OMIS.

1368. Bois. — Quatre figures égyptiennes, coloriées et découpées : ces figures ont été appliquées sur un fond.
    H. 8 pouces.

1369. Plomb. — Un épervier, frappé et découpé sur une feuille en plomb : travail égyptien.
    H. 5 pouces et demi.

1370. Un petit soulier tressé avec beaucoup de soin ; cet objet est de travail égyptien.
    Longueur, 8 pouces.

1371. Bronze. — Un *coin*, trouvé dans l'une des sépultures de Gournah.
    H. 8 pouces.

1372. Une perruque et un peigne; ce dernier en bois et à double fin. Ces objets ont été trouvés l'un et l'autre dans des tombeaux égyptiens.

> Hauteur du peigne, 3 pouces et demi.—Largeur, 5 pouces.

1373. Or. — Une médaille représentant d'un côté la tête d'Apollon, et de l'autre un aigle ( Très petit module ).

1374. Électrum. — Autre médaille : d'un côté une tête de femme, à droite : au revers, la lyre de Mercure.

1375. Médaille en or. — Une figure vêtue de la toge, marchant à gauche entre deux licteurs : R. — Un aigle sur un sceptre, tenant une couronne. ( *Cosae Etruriae.* )

1376. Or. — Deux médailles de très petit module; l'une d'elles qui appartient à l'un des empereurs grecs, porte au revers une légende arabe.

1377. Bronze. — Statuette représentant Hercule debout et appuyé sur un bouclier; on suppose que cette figure, dont le travail est barbare, appartient à l'art des Germains. *

> H. 4 pouces et demi.

1378. Porcelaine de Sèvres. — Modèle d'un *pylône* égyptien.

> H. 13 pouces.

1379. Une bague en or, dans laquelle est enchassée la moitié d'une dent de Voltaire; cette bague fait partie des objets décrits sous le n° 646.

1380. Petit médaillon en bois de poirier. — Saint Georges combattant un dragon : le fond est occupé par une ville, devant laquelle se voit une femme agenouillée; beau travail allemand du quinzième siècle.

Diamètre, 1 pouce.

1381. Petit médaillon en bois de poirier. — Tête d'homme vu de deux tiers, et couverte d'un chaperon; ce personnage est barbu et porte les colliers de plusieurs ordres.

Cette sculpture appartient à l'École allemande du seizième siècle.

Diamètre, 1 pouce et demi.

1382. Bois doré. — Statue de Diane d'Ephèse; ouvrage exécuté dans le seizième siècle, et qui était originairement appliqué sur un fond.

H. 2 pieds.

1383. Terre cuite.—Buste de Paul Véronèse, par M. Delaitre.

H. 2 pieds 3 pouces.

1384. Terre cuite. — Buste de feu M. le général Lasalle.

H. 2 pieds.

1385. Monnaie d'or de Malek-Mogiahed Aboul-

Hassan Ali, prince du Yemen; elle paraît avoir été frappée a Aden, l'an 744 de l'hégire (1343 de J.-C.).[1]

1386. Une selle de fabrique arabe, et que l'on croit recouverte en peau humaine.

1387. Laque du Japon. — Statuette presque entièrement dorée : elle représente un génie posé sur la tête d'un monstre marin, et qui court en tenant à la main un petit paquet de feuilles.*
H. 10 pouces.

1388. Argent doré. — Une paire de boucles d'oreilles de travail chinois : elles sont composées chacune de trois formes de poires suspendues à une même monture..

Ces bijoux offrent quelques parties découpées à jour, et sont couverts d'ornements en relief.
H. 5 pouces 2 lignes.—L. 3 pouces et demi.

1389. Porcelaine céladon. — Deux vases; l'un sans fond, et l'autre orné de groupes de caractères émaillés en bleu.
Hauteur moyenne, 9 pouces.

1390. Coquilles, minéraux, etc., etc,,

---

[1] Nous devons l'explication de cette médaille à M. Reynaud, qui a déjà bien voulu nous fournir ses lumières sur trois autres objets, décrits sous les numéros 870, 871, 872.

FIN.

# TABLE DES DIVISIONS.

Pages.

Avertissement.............................. j — v

## ANTIQUITÉS.

**Monuments égyptiens.**

| | | |
|---|---|---|
| Cire. — Bitume. — Terre cuite.................. | 1 — | 3 |
| Terre émaillée............................. | 3 — | 14 |
| Bois divers................................ | 14 — | 21 |
| Pierres diverses............................ | 21 — | 40 |
| Bronze................................... | 40 — | 45 |
| Manuscrits sur papyrus..................... | 45 — | 50 |
| Momies et cercueils........................ | 50 — | 56 |
| Objets divers.............................. | 56 — | 58 |

**Monuments babyloniens et persans.**

| | | |
|---|---|---|
| Argent, et pierres diverses.................. | 58 — | 61 |

**Monuments grecs.**

| | | |
|---|---|---|
| Vases en terre peinte....................... | 62 — | 66 |
| Pierres diverses............................ | 66 — | 67 |
| Bronze................................... | 67 — | 70 |
| Médailles................................. | 70 — | 80 |

**Monuments italiotes.**

| | | |
|---|---|---|
| Terre cuite. — Bronze. — Cornaline........... | 80 — | 84 |

**Monuments romains.**

| | | |
|---|---|---|
| Terre cuite, et stuc........................ | 84 — | 92 |
| Pierres diverses............................ | 92 — | 94 |
| Verre.................................... | 94 — | 95 |
| Bronze et plomb........................... | 95 — | 105 |
| Bijoux................................... | 105 — | 106 |
| Médailles................................. | 106 — | 113 |
| Objets divers.............................. | 113 — | 114 |

## MONUMENTS GAULOIS.

Granitelle. — Bronze............................................. 114 — 115

### OBJETS COPIÉS ET MOULÉS SUR L'ANTIQUE.

Matières diverses ............................................... 115 — 123

### MONUMENTS HISTORIQUES.

Matières diverses................................................ 123 — 132

### MONUMENTS DU MOYEN AGE ET MODERNES.

Cire.—Terre cuite.—Terre émaillée.—Biscuit.—Succin.
—Jayet........................................................ 132 — 139
Bois.— Os.—Ivoire............................................. 140 — 151
Albâtre gypseux.—Pierre calcaire.— Marbre........ 151 — 154
Bronze.—Fer.................................................. 154 — 162
Vitraux et émaux.............................................. 162 — 175
Monnaies et médailles......................................... 175 — 180

### BOITES, MÉDAILLONS, BAGUES, etc.

Matières diverses.............................................. 180 — 187

### MEUBLES, COLONNES, VASES, etc.

Matières diverses.............................................. 188 — 197

### OUVRAGES ORIENTAUX.

OUVRAGES ARABES ET PERSANS.
Matières diverses.............................................. 197 — 202

OUVRAGES HINDOUS.
Sculptures et armes........................................... 202 — 208
Dessins........................................................ 208 — 211

OUVRAGES CHINOIS.
Terre.— Porcelaine............................................ 211 — 236
Canne.—Bambou.— Bois divers................................ 236 — 242
Stéatite.—Corne.—Ivoire...................................... 242 — 246
Bronze et cuivre.............................................. 246 — 250
Or et autres substances précieuses .......................... 250 — 255
Laque......................................................... 256 — 288

Dessins et gravures .................................. 288 — 290
Vêtements et chaussures ........................ 290 — 292
Objets divers ........................................... 292 — 294

### MÉLANGES.

Matières diverses .................................. 294 — 301

### OBJETS OMIS.

Matières diverses .................................. 301 — 304

# FAUTES ESSENTIELLES A CORRIGER.

Page   4, ligne 17, Phtah-Sokari, *lisez* : Horus.
Page  60, ligne 26, béson *lisez* : Lison.
Page  61, ligne  2, de 226 à 732, *lisez* : 226 à 650.
Page  77, ligne  4, sur un *diot*, *lisez* : sur un *diota*.
Page  79, ligne 18, cette belle médaille, *lisez* : ce beau médaillon.
Page  80, ligne 17, la jambe gauche, *lisez* : la jambe droite.
Page  80, ligne 20, *geneistères*, *lisez* : *geneiastères*.
Page  86, ligne 10, qui touche la Victoire, *lisez* : qui touche l'image de la Victoire.
Page  92, ligne 11, Galba, *lisez* : Nerva.
Page 106, ligne 20, *vix mun. sunt quod*, *lisez* : *quod vix mun. sunt*.
Page 113, ligne  4, d'Antonin, *lisez* : d'Antonin, etc.
Page 119, ligne  4, de la peau de lion, *lisez* : d'une peau de lion.
Page 121, ligne  9, buste faussement dit, *lisez* : buste improprement dit.
Page 122, ligne 14, caché de son vêtement, *lisez* : caché dans son vêtement.
Page 129, ligne  4, Valladolid, *supprimez* le nom.
Page 135, ligne  1, faënza, *lisez* : faenza.
Page 136, ligne  9, *idem*. *idem*.
Page 265, ligne 17, *ne vert buisson*, *lisez* : au vert buisson.
Page 180, ligne  6, qui sont toutes, *lisez* : et toutes.
Page 192, ligne  9, vert antique, *lisez* : vert de Corse.
Page 198, ligne 17, d'Héliopolis, *lisez* : dans la haute Égypte.
Page 198, ligne 24, H. 16 p. 3 lig., L. 3 p. 3 lig., *lisez* : H. 3 p. 3 lig., L. 16 p. 3 lig.
Page 200, ligne 24, la *hampe*, *lisez* : la douille.
Page 203, ligne 26, *Poulear*, *lisez* : Pouleyar ou Ganésa.
Page 211, ligne 19, dite, boccaro, *lisez* : dite *boccaro*.
Page 214, ligne 11, des oignons, *lisez* : des ognons.

CPSIA information can be obtained
at www.ICGtesting.com
Printed in the USA
BVHW040854040922
646137BV00022B/33